SILVIA GELICES Y XAVIER CAPARRÓS

El paradigma del corazón

Vivir en plenitud, salud y prosperidad

EDICIONES OBELISCO

Si este libro le ha interesado y desea que le mantengamos informado
de nuestras publicaciones, escríbanos indicándonos qué temas son de su interés
(Astrología, Autoayuda, Ciencias Ocultas, Artes Marciales, Naturismo, Espiritualidad,
Tradición…) y gustosamente le complaceremos.

Puede consultar nuestro catálogo en www.edicionesobelisco.com.

Colección Psicología

EL PARADIGMA DEL CORAZÓN
Silvia Gelices y Xavier Caparrós

1.ª edición: septiembre de 2015

Maquetación: *Marga Benavides*
Corrección: *M.ª Ángeles Olivera*
Diseño de cubierta: *Enrique Iborra*

© 2015, Silvia Gelices y Xavier Caparrós
(Reservados todos los derechos)
© 2015, Ediciones Obelisco, S. L.
(Reservados los derechos para la presente edición)

Edita: Ediciones Obelisco, S. L.
Pere IV, 78 (Edif. Pedro IV) 3.ª planta, 5.ª puerta
08005 Barcelona - España
Tel. 93 309 85 25 - Fax 93 309 85 23
E-mail: info@edicionesobelisco.com

ISBN: 978-84-9111-017-0
Depósito Legal: B-17.999-2015

Printed in Spain

Impreso en España en los talleres gráficos de Romanyà/Valls S. A.
Verdaguer, 1 - 08786 Capellades (Barcelona)

A Víctor, Òscar, Neret,
Marc y Berta

Agradecimientos Silvia Gelices

Dentro de mi mundo ha habido y hay personas, circunstancias y acontecimientos que, en algún momento de mi vida, me han ayudado a despertar, a dar un paso hacia delante para salir de mi zona de confort, a moverme y a evolucionar. A esas personas y circunstancias les debo mi más profundo agradecimiento, porque todos ellos son corresponsables de que yo sea quien soy, de que esté donde estoy y de que este libro sea posible. Mil gracias a todos.

Mi más sincero agradecimiento a Xavier Caparrós por ser compañero de viaje y el alma de este libro que juntos cocreamos.

Gracias a Quim Valls por su magnífico prólogo y por su entusiasmo y motivación en cada proyecto que emprendo. Y a la Editorial Obelisco por haber confiado en nosotros con la publicación del libro.

A mis hijos, Marc y Berta, por enseñarme, si no a amar más, sí a hacerlo mejor.

Mil gracias a mis padres y a mis hermanas por estar siempre ahí y por ser un referente y mi práctica espiritual más profunda.

También quiero dar las gracias a todas las personas a las que he tenido el privilegio de entrevistar y que me han aportado sabiduría y testimonio; y a todas las grandes personas que han pasado por mis cursos, talleres, conferencias, clubes de lectura y espacios de crecimiento personal por servirme de espejos y conexión.

Al Universo por formar parte de mi existencia y de mi percepción.

A todos y a todo, mi más profundo agradecimiento.

Agradecimientos Xavier Caparrós

A Silvia Gelices por hacer este libro realidad, a Quim Valls por el prólogo y a la Editorial Obelisco por confiar en «El Paradigma del Corazón».

A mis padres por darme una vida maravillosa y un cuerpo increíble para disfrutar; a mi abuela por conectarme con la ternura y el altruismo; y a mis cuatro hermanos y todas mis sobrinas y sobrinos por servirme de espejos permanentes.

También a todas las voluntarias y voluntarios en general y a los de COMPARTIM y de CRUZ ROJA en particular; a todos los payas@s y clowns, especialmente a los de la factoría Dimô y a los que visitan los hospitales de forma altruista; a todas las niñas y niños, familiares y monitor@s de PÀDEL AMIC; a todas las personas que han participado en los cursos «El paradigma del corazón», «Los beneficios del perdón», «Educar desde el corazón» y «Conexión de almas»; y a todas las personas y familias que me han brindado la oportunidad de compartir y ofrecer.

Y personalmente a:
Marina Herrero, Marta Fernández, Xavi Lite, Cristina Palet, Albert Soler, Rosa Cebrián, Oriol Marcet, Mireia Dar-

der, Salva Fernández, Raquel Masqué, Núria Novials, Alba y Carla Soldevilla, Enric Brufau, Dolors Peralejo, Juan Román, Gemma Samper, Clara Suñé, Loren de Paz, Esther Malgosa, Cristina Gómez, Jordi Serrano, Dolors Berenguer, Olga Prat, Montse Salvat, Cristina García, Òscar Cruz, Neus Costa, Juli Romaguera, Àngels Pou, Josep Aparicio, Júlia López, Alba Palma, Jorge Saldivia, Joan Ventura, Teresa Montalà, Koumera Diakhaby, Miryam del Río, Carme López, Eduard García Vilanova, Sílvia Ballvé, Josep Cussó, Mónica Blasi, Felix Perales, Puri Rico, Mercè Gil, Glòria Bernaus, Íngrid Marín, Roser Serra, Laia Freixanet, Pedro Cifuentes, Maria José Estrada, Daniel Òscar Ayuso, Anna Cadafalch, Fina Mauri, Michie Kuwashima, David Colomer, Lourdes Aldanondo, Marta Rambla, Arnau Torruella, Rosaura Serentill, Alex Coma, Júlia Matons, Ricard Planas, Maite Domenech, Jordi Capel, David Ferrer, Esther Lao, Gloria Bosch, Jordi Dueso, Mina Ceballos, Sergi Martínez, Toni Murillo, Montse Viciana, Josep Farell, Clara Luna, Soraya Rodríguez, Gemma Adelantado, Carmen Romero, Cristian Colás, Xavi Benet, Teresa Argelés, Susana García del Puerto, Lilianne Cabrera, Pedro Andueza, Núria Blázquez, Lourdes Domínguez, Judit Serra, Juan José Lopera, Laura Natalia Pérez, Mireia Matons, Didac Pujol, Andrea de Llanos, Jeanette Mascaró, Miqui Hervás, Elena Sánchez Guasch, Àngels Gonyalons, María Pons, Anna Ros, Mónica González, Eleonora González Pipep, Miguel Garrido, Sin Barber, Ninona Arguimbau, Lito Prats, Magda Mercadal, Paquito Obiols y Núria Vidal.

Prólogo

Aprendices de Demiurgo

> *«Nuestra mente está tan bien equipada que nos da los fundamentos para producir pensamientos, sin necesidad de tener ni el más mínimo conocimiento de cómo es el trabajo de elaboración de estas ideas. Sólo somos conscientes de los resultados. Esta mente inconsciente es como un ser desconocido que crea y produce cosas dentro de nosotros, y que, finalmente, nos deja en las manos los frutos maduros de su trabajo».*
>
> WILHELM WUNDT

En la contra de *La Vanguardia* del 4 de julio de 2011 que Víctor Amela me regaló, este extraordinario periodista puso en mi boca la siguiente frase: «No soy creyente pero estoy sugestionado por el catolicismo». No dije eso, lo afirmo sin reproche. Estoy orgulloso de ser creyente. Los beneficios de la fe están científicamente refutados.

En realidad, en esa entrevista afirmé que la religión es una sugestión evolutiva que ha ayudado a sobrevivir a la especie humana. No hablé ni a favor ni en contra de Dios, del mismo modo que no me defino en público sobre la física cuántica tal como la entiende el llamado pensamiento New Age. En un caso no se puede demostrar su existencia, y en el otro está por probar la arriesgada extrapolación que implica sacar conclusiones macro de experimentos subatómicos.

Sin embargo, ambas creencias conducen a situar el amor como paradigma de nuestras vidas. Y, «si non è vero, è ben trovato».

Dios está dentro de nosotros

> *«Nadie puede vivir tu vida por ti: tú eres tu dueño y señor».*
>
> SILVIA GELICES Y XAVIER CAPARRÓS

Dos años y medio después, cuando, con motivo de la segunda contra de *La Vanguardia*, publicada el 15 de octubre de 2014, Víctor Amela me volvió a entrevistar, le pedí que escribiera al dictado que «Dios está dentro de nosotros». Lector(a), no pienses que he transgredido mi norma de no hablar de Dios en público. Esta vez me refería a otra cosa, pero con este mensaje premeditadamente equívoco, pretendía compensar el error de apreciación o de transcripción que se cometió en la primera.

¿Qué quise decir con «Dios está dentro de nosotros»? Nada que tuviera que ver con la Biblia, la religión o la fe. Me refería a cómo cada uno de nosotros es, muchas veces sin saberlo, un hacedor.

Todos y cada uno de nosotros nos hacemos a partir de nuestros pensamientos, de nuestras creencias (a veces funcionales y a menudo irracionales y limitantes). Nos construimos a partir de un manual de instrucciones que consideramos axiomáticamente cierto, pero que en realidad es falaz y subjetivo, y acabamos siendo una mera caricatura de aquello que hubiéramos podido llegar a ser. Y lo peor: terminamos por vivir imposturas que de manera inexorable nos conducen a la infelicidad.

El pecado original

> *«Uno de los condicionantes que ya desde la infancia nos introducen en el disco duro de nuestra mente es que hay que hacer muchas cosas para demostrar a los demás que somos los mejores (los más guapos, los más inteligentes, los más simpáticos, y un largo etcétera)».*
>
> SILVIA GELICES y XAVIER CAPARRÓS

¿Y por qué nos sucede esto?

El pecado original radica en el inconsciente, que en parte es genético y en parte aprendido involuntariamente. Algunas personas nacen con una predisposición al pesimismo (tienen más desarrollada la parte prefrontal derecha del cerebro), y otras son educadas en la negatividad con creencias limitantes del tipo «No puedo» o «No soy capaz», que se convierten en ineludibles profecías de autocumplimiento. No son culpables de ver en todo los inconvenientes, de centrarse en el problema en lugar de hacerlo en la solución, o de no intentarlo porque están convencidas de que saldrá mal, de la misma manera que los católicos no son culpables de que Adán mordiera la manzana sagrada.

El inconsciente es el responsable de los pensamientos que tenemos y que, de no cuestionarlos, pueden amargarnos la vida y condenarnos a una existencia mediocre e infeliz.

Hoy, los neurólogos saben a ciencia cierta que la mayor parte de lo que pensamos (y, en consecuencia, de lo que somos) es el fruto de un porcentaje de las sugestiones que nos inculcaron de pequeños, sobre todo de aquellas que florecieron en una mente ya abonada por la herencia para que germinaran con mayor facilidad.

Te preguntarás: «¿Y qué puedo hacer yo?».

El ángel de la guarda

«El reto es elegirse y, acto seguido, poner en práctica todo lo que ya sabes porque comprender sin integrar y experimentar no sirve absolutamente de nada».

SILVIA GELICES Y XAVIER CAPARRÓS

En primer lugar, no verlo como un problema, sino como una oportunidad: si de pequeño te educaron el inconsciente, de mayor lo puedes reeducar. Se trata de sustituir aquellas sugestiones disfuncionales que aprendiste en la infancia, por sugestiones nuevas que te permitan generar *espontáneamente* pensamientos empoderantes, buenos sentimientos y emociones positivas.

Dicho así parece fácil. Pero no lo es.

El 1 de enero de 2002 empezamos a utilizar euros en vez de pesetas. A los que en esa época ya éramos adultos no nos fue sencillo cambiar el chip. Para saber el coste de las cosas nos pasábamos el día haciendo reglas de tres (si 6 euros son

1.000 pesetas, tantos euros son…). Aquello que antes nuestra mente hacía de forma automática (inconscientemente) ahora lo teníamos que pensar (de manera consciente), y aún hoy, muchos años después, para entender algunos precios todavía los tenemos que traducir a la antigua moneda.

Sin embargo, la mayoría de las veces ya no es necesario: hemos reprogramado nuestro inconsciente del valor. Ha sido un largo proceso de *entrenamiento*. A base de pelearnos cada día con las etiquetas, los tickets de compra y los extractos bancarios, hemos desarrollado la suficiente intuición para hacernos una idea de lo que se vende caro o de lo que es barato. No ha resultado ni rápido ni fácil, pero al menos ha sido posible.

Quiero que te des cuenta que *dentro de ti* , en tu mente inconsciente, ha nacido un ángel de la guarda, que te avisa cuando un precio es abusivo, o que te indica que ese descuento vale verdaderamente la pena. Pero sobre todo quiero que adviertas que este ángel de la guardia, y tantos otros que desees poseer, en realidad los engendras tú mismo. Primero educas tu intuición, y, a la postre, ella te protege.

Aprendiz de demiurgo

> *«Eres una diosa o un dios en potencia y estás hecho del mismo polvo de estrellas que el Universo».*
>
> SILVIA GELICES y XAVIER CAPARRÓS

Pero no sólo eres capaz de educar tu intuición, sino que también tienes la capacidad innata de reprogramar tu mente inconsciente en aras a reinventarte en aquello que quieras ser.

Desde tu mente consciente puedes diseñar tu propio plan de entrenamiento mental para adiestrar a tu mente inconsciente de forma que los pensamientos e ideas que engendres *involuntariamente,* en lugar de provocarte miedos infundados o preocupaciones injustificadas, te permitan generar proyectos ilusionantes, experimentar sentimientos satisfactorios y vivir emociones de amor y plenitud.

Silvia Gelices y Xavier Caparrós, los autores a cuatro manos de este excelente manual de la vida plena, la salud y la prosperidad, afirman con modestia que «No hay maestros ni recetas mágicas porque tú eres tu propio maestro».

Cada uno de nosotros somos aprendices de demiurgos, es verdad, del mismo modo que es del todo cierto que no hay recetas mágicas. Sin embargo, en el taller de la vida, sí que hay maestros artesanos que pueden enseñarte el oficio de vivir. Silvia Gelices y Xavier Caparrós lo son. Por eso estoy encantado de tener el privilegio de haber podido leer/estudiar su excelente libro, de gozar de la suerte de que me hayan encargado este prólogo, y, sobre todo, de tener la posibilidad de proclamar que *El paradigma del corazón* es un gran manual de instrucciones para que aprendas de hoy en adelante a mejorar tu existencia.

Léelo, subráyalo, estúdialo y, sobre todo, practícalo.

Joaquim Valls, *autor de la tesis doctoral «La reeducación del inconsciente mediante el método grafotransformador».*

Introducción

Sí, tú puedes cambiar tu vida. Tú puedes decidir escogerte cada día. Aquí está la clave, la certeza que nos abre las puertas a lo maravilloso.

Es una evidencia que las personas, una vez satisfechas las necesidades básicas, queremos realizar aquello que nos apasiona, no hacer lo que nos disgusta y rodearnos de aquellos que nos hacen sentir bien, amando y siendo amados. Esto es lo más parecido a la felicidad que existe. No obstante, es evidente que algo no funciona cuando la felicidad se nos escapa con tanta facilidad y acaba siendo algo tan sumamente volátil. Antes bien, vivimos en constante sufrimiento, los problemas nos superan, la ansiedad nos invade y el miedo nos paraliza. Y parece que ya nos hemos acostumbrado a ello, como si esta manera de vivir fuera la normalidad.

Por lo visto, la resistencia al cambio es algo intrínseco al ser humano, y hasta que las cosas no se ponen feas y nos sentimos tan mal que ya no podemos continuar así, no movemos ficha. ¿Tenemos que padecer una crisis, una pérdida, una tragedia, un trauma, etcétera, para cambiar lo que hace tiempo que sabemos que no funciona y no nos hace felices? ¿Por qué esperar a que esto ocurra?

La buena noticia es que es nuestra decisión evitarlo, y está en nuestras manos, en nuestra mente y en nuestro corazón. Pero para ello es necesaria una propuesta firme y de pleno convencimiento; un propósito claro y definido para conseguir vivir en plenitud, salud y prosperidad; para ser felices, en definitiva. No obstante, debemos ser conscientes de que el cambio conllevará cierto grado de incomodidad, de salida de nuestra zona de confort y nuestros dominios, de una alteración en nuestra manera de ver el mundo y creencias adquiridas, de una etapa de incertidumbre y caos.

¿Te atreves a escogerte?

El paradigma del corazón es una invitación a que te abras a nuevas perspectivas y dimensiones más allá de lo aprendido y experimentado desde la mente hasta ahora. Como muchos otros interesantísimos volúmenes de desarrollo personal, éste es el libro definitivo para escogerse, para tomar las riendas de nuestra vida y vivir la vida que queremos vivir a cada momento. Pero ésa va a ser tu decisión, porque única y exclusivamente va a depender de ti. Es tu responsabilidad y, tal vez, también tu mayor desafío.

Y escogerse no significa ni más ni menos que poner la mente al servicio del corazón para vivir en plenitud y armonía, para sanar y mejorar todas tus relaciones y vivir en paz, amor, ternura, salud, alegría, sentido del humor y prosperidad. Escogerse para huir de una rutina donde la alegría y los sueños están en perpetua hibernación sin posibilidad de retorno, para ir en pos de nuestras metas y objetivos, para tomar conciencia de la magia de estar vivos y de estar permanentemente enamorados del entusiasmo.

Aprender a cambiar tu vida conlleva adquirir una serie de conocimientos para, a continuación, ponerlos en práctica. Por eso, cada capítulo incluye una experiencia personal para transmitir que es posible integrar dichos conocimientos y mostrar cómo los autores han deambulado por el proceso explicado. Asimismo, incluye una serie de ejercicios para conseguir poner en práctica con mayor facilidad dicha propuesta. Ten en cuenta que si no pasas a la acción, el conocimiento te habrá servido de muy poco. Si lo que se sabe no se lleva a la práctica, en realidad nada se sabe. La acción interior que te proporciona el conocimiento es necesaria, pero no es suficiente. Y la acción exterior también es precisa, pero por sí sola es insuficiente. Tendremos que combinar, pues, el conocimiento con la práctica para que el hecho de escogernos dé sus frutos.

Recuerda que en este camino no hay maestros ni alumnos. Antes bien, todos somos nuestros propios maestros, a la vez que discípulos aventajados de nuestra mejor versión. Tú eres tu propio maestro; tú eres el único responsable de la vida que estás viviendo. Tú puedes decidir crear la vida que deseas vivir.

Hoy es un gran día para empezar. Ahora. Inmediatamente.

«No temo nada, no espero nada, soy libre y me elijo».

NIKOS KAZANTZAKIS

1. Escogerse, una decisión personal

La mayoría de las personas creen que sus experiencias y acontecimientos vividos son del todo circunstanciales, fruto del azar, el destino o la suerte. Una lotería, que, si la fortuna está de mi parte, me será propicia y, si no, me tocará sufrir, enfrentarme a dificultades y, en el mejor de los casos, esperar a que mi gerente cósmico escuche mis oraciones y súplicas.

El problema que tenemos es que el mapa del mundo que nos han vendido está equivocado. Por eso necesitamos un pequeño entrenamiento para actuar conscientemente en busca de lo que en realidad deseamos en vez de dejarnos llevar por los acontecimientos que, en apariencia, surgen de manera fortuita, haciendo que tengamos la sensación de que somos marionetas en manos del destino.

¿Qué ocurre si no nos gusta esa realidad personal en la que vivimos? La buena noticia es que está en tus manos, mejor dicho, en tu interior, cambiarla. ¿Cómo? ESCO-

GIÉNDOTE, tomando las riendas de tu vida, responsabilizándote de todas tus decisiones, no culpando a los demás de tu «mala suerte» y conectando con tu fuente desde el paradigma del corazón.

Este entrenamiento empieza siempre por la decisión de comprometerse con uno mismo. Escogerte con determinación es una opción personal que tendrás que reafirmar una y otra vez si deseas conseguir todos los objetivos que te propongas. Si no te eliges tozudamente, otros tomarán las riendas de tu vida por ti y perderás el poder que adquieres cuando decides escogerte. Recuerda que es una opción personal que está en tus manos y que puedes decidir en este preciso momento. No depende de nadie, tan sólo de ti.

Serás el escogido solamente si te escoges; piensa que nadie puede hacerlo por ti. De hecho, no deberías de otorgar este privilegio a nadie que no seas tú. Tú diriges tu vida, llevas las riendas y, por tanto, eres el escogido. El título de dios/a te lo otorgas tú mismo. Nadie más que tú puede concederse ese nombramiento honorífico. Qué privilegio ¿verdad?

Pero el título de ser el escogido implica una serie de requisitos que tendrás que abordar con perseverancia y determinación si realmente quieres lograr tus objetivos de vida plena.

Escogerse implica, en primer lugar, tomar las riendas de tu vida en todo momento y situación. Esto te conducirá de manera inevitable a dejar de buscar excusas para no responsabilizarte de tu vida y, de esta manera, endosar esta responsabilidad a los demás.

Escogerse también significa elegir el camino que te llevará a conocer lo que en realidad eres. Aunque eso ya lo sabes, pero quizás no lo recuerdas: eres una diosa o un dios en potencia y estás hecho del mismo polvo de estrellas que el Universo. La parte es el todo y el todo es la parte.

Escogerse te obliga a dejar de posponer y demorar la decisión de convertirte en lo que quieres ser; te da la llave maestra para enfocarte en lo que estás llamado a ser: simplemente ser feliz.

Escogerse, y repito esta palabra por cuarta vez consecutiva para que se grabe en el disco duro de tu programa mental, es la CLAVE. Es tu propuesta personal para conectar con tu esencia, y a partir de aquí, conectarte con el Universo y con los demás. Sólo si te escoges de manera consciente y deliberada, descubrirás qué desea tu corazón y podrás conseguir la paz interior, el bienestar, la salud y la plenitud que estás buscando.

El reto está en elegirse y, acto seguido, poner en práctica todo lo que ya sabes, porque comprender sin integrar y experimentar no sirve absolutamente para nada. El conocimiento, además de la experiencia, es lo que nos da la sabiduría. Y ésta será justo la que nos ayude a afrontar algunos de los desafíos que la vida nos presente. La certeza se encuentra precisamente en el camino de la práctica. Además, disfrutarás del trayecto cuando experimentes todo lo que ya conoces, porque el aprendizaje se halla en el proceso que te conduce a tu meta, no en ésta en sí misma.

A medida que avances en ese viaje increíble hacia lo inimaginable para conectarte y vivir la vida que en realidad quieres vivir, te darás cuenta de que no hay maestros ni recetas mágicas porque tú eres tu propio maestro. Otros te podrán proporcionar infinidad de herramientas, ejercicios, propuestas, etcétera, que están muy bien, pero que no servirán absolutamente de nada si tú no te escoges antes y decides comprometerte contigo mismo en el cambio.

Todas las personas somos iguales, nacemos conectadas a la fuente y la única posibilidad de regresar a ella es escogiéndose desde el paradigma del corazón. Cuando lo hagas podrás comprobar cómo se producen cambios en tu vida, porque cualquier cambio externo proviene de tu cambio interno previo. Si cambiamos de actitud, cambiamos la vida. Ese cambio puede ser gradual y parcial, enfocado en algún tema u objetivo concreto, aunque la propuesta que te sugiere este libro es que la transformación abarque todos los aspectos de tu vida.

Recuerda que nadie puede vivir la vida por ti; tú eres tu dueño y señor; tú decides a cada momento la vida que quieres tener. Y la única manera de que esto sea posible es escogiéndote sin renunciar a nada. Empieza con convicción; si actúas con absoluta determinación, el resto de facultades también se activarán. Te aseguro que, si te escoges, las expectativas que se te presentarán serán ilimitadas porque te sumergirás en el campo cuántico de todas las posibilidades. ¿A qué esperas? ¡Hoy es el mejor día para empezar!

Mi primera etapa de vida pasó deambulando entre el miedo, la obediencia y el victimismo, viviendo programas heredados que no eran propios.

Palabras como poder, dinero, competitividad, seguridad, control, individualidad, productividad, posesión y ambición me llevaron, siendo muy joven, a ser un directivo muy importante de una, todavía más destacada, multinacional.

La certeza de que ese presente no me conducía a la felicidad me llevó a escogerme. Y con el respaldo inestimable de mi testarudez y mi valentía, emprendí otros caminos hasta comprender que el reto más importante era CREAR MI PROPIA VIDA.

Y vivirla a partir de palabras como presencia, agradecimiento, conciencia, sensibilidad, alegría, conexión, entusiasmo, cooperación, dignidad, libertad, ternura y amor.

Y ME ESCOGÍ. Simplemente me escogí. Me elegí de manera definitiva, entendiendo que ésa era la palabra clave y que sólo yo podía elegirme.

Escogerse es decidir ser el protagonista, elegir ser merecedor de todo y dedicarse a vivir la vida que quieres vivir en cada instante.

Escogerse es decidir que ésa es la primera opción y la única prioridad importante.

Escogerse es ser valiente y arriesgar sin dejar puertas abiertas para la huida.

Escogerse es comprender una cosa y aplicarla con tesón.

Escogerse es afrontar el reto de CREAR MI VIDA y no separarme jamás de ese propósito.

Y, a partir de ahí, conseguir la motivación y la certeza que han demostrado que todo es posible. Y así alcanzar o estar en el camino de conseguir todos los demás objetivos.

Tomar las riendas y vivir desde el paradigma del corazón.

Propuesta de ejercicios

1. Pega un pósit, un papel o un cartel en la puerta de tu casa con la frase: «ME ESCOJO», y léela en voz alta cada vez que salgas.
2. Cada mañana mírate al espejo y aplaude a rabiar. Dedícate una sonrisa y una ovación sonora e increíble por el simple hecho de estar vivo.

«Canta y vuela libre como canta la paloma,
dame una isla en el medio del mar,
llámala libertad».

MIGUEL BOSÉ

2. Relájate: no tienes que demostrar nada

Ahora que has decidido escogerte desde la absoluta convicción, relájate porque te acabas de quitar una pesada carga de encima: ya no tienes que demostrar nada a nadie ni aparentar lo que no eres. Sólo debes responsabilizarte de tu vida y asumir un compromiso contigo mismo que te lleve a tu madurez emocional y espiritual, el mayor reto que casi con seguridad nos marcaremos en nuestro camino hacia el reencuentro con la fuente.

De hecho, nacemos limpios e inocentes, con una mente libre y completamente receptiva que con rapidez se va llenando de ideas absurdas y retrógradas, de normas insensibles y de dudosos valores que deciden y crean nuestra vida. Y lo hacen, claro está, porque nosotros (ignorantes) le damos permiso.

Y uno de los condicionamientos que ya desde la infancia nos introducen en el disco duro de nuestra mente y que, a su vez, nosotros transmitimos también de generación en generación es que hay que hacer muchas cosas para demostrar a los demás que somos los mejores (los más guapos, los más inteligentes, los más simpáticos y un largo etcétera) para así, de esta manera, ganarnos su afecto. Nos obsesionamos por mantenernos activos y por hacer cuantas más cosas mejor. Siempre con prisa y estresados. Pensamos que somos lo que tenemos, lo que hacemos y lo que los demás piensan de nosotros, cuando en realidad no somos nada de eso porque venimos al mundo inocentes y conectados. En todo caso, nos alejamos de nuestra esencia como seres espirituales cuando nos empeñamos en vivir desde fuera. Siempre mirando al exterior, buscando afecto, respeto, seguridad, reconocimiento… El mismo que no somos capaces de hallar en nuestro interior.

Nos empeñamos en tener que demostrar que somos aquella autoimagen que nos hemos creado desde la infancia, teniendo que defender a ultranza nuestra historia familiar, estatus social, trabajo, creencias, gustos, posesiones materiales… y un largo etcétera. Pero nosotros no somos nada de eso, por tanto, no hay que defender ni demostrar nada ante el mundo. Es mi ego quien va construyendo la autoimagen de quien cree que es, olvidándose de su verdadera esencia espiritual. De este modo, la necesidad de aprobación y reconocimiento se convierte en una dependencia que me desconecta de mi auténtico yo.

El mundo nos recuerda a cada momento que debemos ser útiles y cosechar éxito. Si no es así te etiquetará como «diferente y marginado». Cuando esto ocurre, ante el miedo de sentirnos distintos y extraños, nos afanamos en demostrar que somos merecedores de ser admitidos y amados y, de esta manera, mendigamos reconocimiento.

Y cuando eres capaz de hacer cualquier cosa para que se te reconozca como valioso, te vuelves dependiente, indigno y destructor del amor hacia ti mismo a cambio de premios y medallas. Cuando entiendas que tener que demostrar qué y quién eres es una estrategia del ego para subsistir en tu mente dual podrás decidir salir de su prisión. Deja de buscar que los demás te den significado. En realidad, cuando dejes de autoexigirte, los demás también dejarán de exigirte.

Lo que aún no sabes es que el Universo quiere que seas feliz aquí y ahora sin tener que exigirte nada ni demostrar nada a nadie. Sólo tienes que aceptarte con tus virtudes y tus defectos sin esperar la aprobación del mundo para sentir que eres valioso. Lo eres aunque nadie te lo recuerde. Ya sabes que estamos hechos del mismo polvo de estrellas que el Universo y, en esencia, somos la fuente.

Nacemos conectados y todo el amor que mendigamos ya está en nosotros. ¿No es absurdo tener que demostrar que somos lo que en esencia ya somos? Cuando ya no hay nada que demostrar sólo queda espacio para la celebración. Hemos venido a este mundo a disfrutar, no a sufrir. Lo importante es ser felices, no tener razón. Cuando nos empecinamos en querer tener razón volvemos a la rueda del juicio y la condena, todo lo opuesto a la alegría sin causa que produce el hecho de sentirse libre para hacer lo que siento en cada momento y lo que me dicta el corazón.

Abandonarse y relajarse es una experiencia deliciosa porque la competición desaparece. Y la relajación llega precisamente cuando tengo la certeza de que soy la fuente y, por tanto, no necesito el reconocimiento de nada ni de nadie. Ya no sirve ser servil, obediente, útil, exitoso, esclavo del reconocimiento… En todo caso, mi éxito es la alegría de estar bien conmigo mismo. Y la servitud y obediencia es mi decisión para sentirme libre porque ya no me afecta lo que diga o piense de mí el resto del mundo. He deshecho la pequeñez de hacer, tener o ser alguna cosa ajena a mí. No hay un camino hacia el éxtasis y la plenitud; el éxtasis eres tú, de manera que conviértete en lo que ya eres.

Relajarme fue el paso siguiente a escogerme.

Puse manos a la obra plenamente consciente de que hasta la fecha había estado dominado por quedar bien, por ser aceptado y por agradar a los demás. En un primer resumen me quedó claro que la mayoría de mis actos, pensamientos y palabras eran una petición de amor disfrazada y que me pasaba la vida demostrando, justificándome, controlando y mirando cómo los demás me miraban. Sentía que mi personalidad la habían diseñado desde fuera y yo simplemente me había convertido en un mal actor que interpretaba su papel, haciendo lo que se esperaba que hiciera.

Me lo propuse y me relajé. Y emprendí el viaje de no demostrar nada y de no exigirme ni exigir nada. Y, sobre todo, de no mendigar amor.

Y saboreé la inmensa libertad personal cuando a uno le deja de importar lo que los otros opinan de él.

La relajación, hacer lo que te gusta y no tener que demostrar nada te lleva directamente a la conexión contigo mismo y a abordar un camino tutelado por las emociones y las intuiciones.

Tenía la convicción de que iniciaba un trayecto en solitario, en especial por el cambio radical de prioridades, pero mi sorpresa fue que sucedió todo lo contrario.

Empecé a vivir desde el corazón y aparecieron delfines y sirenas sensibles. Lloraba y reía con autenticidad, dejando expresar mis sentimientos, y llegaron personas maravillosas dispuestas a acompañarme ofreciendo y recibiendo amor, comprensión y ternura.

Propuesta de ejercicios

1. Pregúntate con total sinceridad por qué haces las cosas y actúas del modo en que lo haces. ¿Cuántas cosas haces para demostrar algo a alguien o haces lo que se espera que hagas?

   Relájate y deja de ser exigente contigo mismo y con los demás. Y, de paso, deja definitivamente de controlar a las otras personas. A partir de hoy quedas liberado. A partir de este instante, no hagas nada más para demostrar nada a nadie.

2. Realiza un dibujo en una hoja de papel, una cartulina, un lienzo…. Siéntelo y pásalo bien desde la libertad más absoluta. Cuando acabes, no lo analices de manera racional y no lo enseñes (excepto que se trate de obra de arte y compartamos la venta).

«En este mundo hay dos tragedias.
La primera es no conseguir lo que uno quiere.
La segunda es conseguirlo.
Aunque sólo la segunda
es realmente una tragedia».

OSCAR WILDE

3. «Yo soy así»: fantasías e ilusiones del ego

Ahora que ya sabemos que no tenemos que demostrar nada a nadie porque nacemos conectados, y todo el amor y reconocimiento que mendigamos ya está en nosotros, no dejemos que las ilusiones del ego, es decir, nuestro falso yo, vayan campando a sus anchas, llenando de «basura» nuestro ordenador limpio y conectado con el que venimos al mundo.

En muchas ocasiones, resulta complicado entender que todo en lo que creemos, todo lo que percibimos y damos por sentado no son más que creencias que se ven como verdades absolutas que ni tan siquiera nunca hemos llegado a cuestionarnos. Las vemos como verdades porque ya nuestros padres hacían lo mismo, y también los padres de nuestros padres…. ¡Si supiéramos que toda nuestra vida la crea nuestra mente, pensaríamos y, por ende, sentiríamos de otra manera!

Lo normal es no poner en duda estas creencias arraigadas, es decir, todo aquello que nos inculcan ya desde niños; tendemos a pensar que nuestros valores y nuestra forma de ver la vida es la única que existe, o, como mínimo, es la mejor; por eso solemos juzgar a los demás según esas creencias.

Tenemos muchísimas creencias limitantes que no nos permiten avanzar y nos mantienen anclados en el mismo lugar. Todos sabemos que palabras como poder, productividad, seguridad, rutina, juzgar, mentir, justificar, acumular, sufrimiento…, y muchas más que ya habrás añadido a esta lista, no resuenan en nuestro corazón y nos van a aportar las mismas respuestas de siempre, pero aun así están tan arraigadas en nuestra mente que ya nos hemos acostumbrado a ellas. Y si te fijas, todas quieren decir lo mismo: «Tanto tienes, tanto vales; trabaja duro y confórmate con tu destino». Todos sabemos que las «mentiras» que se repiten hasta la saciedad acaban pareciendo verdades.

Esto no significa que no debamos respetar los valores y las creencias de nuestros antepasados que, con absoluta seguridad, se plantearon lo mismo y actuaron lo mejor que pudieron al respecto.

Si te paseas por el mundo, podrás comprobar que las creencias y valores (que creemos absolutos) no tienen por qué concordar y ser los mismos para todos. Por eso somos capaces de ver las diferencias, las distintas maneras de pensar que son el origen de la mayoría de conflictos y, por extensión, de luchas de poder y guerras. Las diferentes ideologías son las que dividen al mundo, que no es más que el reflejo de nuestra demencia interior. Y donde la pésima distribución de la riqueza se convierte en la pésima distribución de nuestras mentes. ¿Cómo si no iban a morir cada día 60.000 personas de hambre y 200 millones de niños iban a ser obligados a prostituirse cada año?

Acto seguido, el ego entra en acción para defender, desde la dualidad, estas ideas de un mundo que no es más que un manicomio de ilusiones y de separación. Y mi mente se llena de fantasías y creencias que defiendo a ultranza. Proyecto, observo y compruebo que sólo puedo ver aquello que conozco. Lo que pienso determina el mundo en que vivo que, evidentemente, sólo representa una realidad personal: mi realidad personal, mis ideales, mi ideología, mi idioma, mi religión… Nos identificamos con ella y la defendemos a muerte, sin darnos cuenta de que cuantos más ideales, más hipocresía y sufrimiento, porque, al no poder satisfacerla, tendremos que fingirla.

Al ser así las cosas, el mundo se nos muestra exactamente como nosotros lo percibimos basándonos en nuestras creencias, ideas, valores, experiencias… En nuestra vida no puede aparecer nada en lo que no creamos por la sencilla razón de que no podríamos verlo. ¿Cómo puedo reconocer algo que mi mente desconoce? Desde esta perspectiva, nos enfrascamos en pensar que nosotros «somos así», que hemos nacido con una personalidad determinada que ya se halla en nuestros genes, y de esta manera, continuamos con los mismos patrones de siempre. No nos damos cuenta de que todo lo que se encuentra en nuestra mente es prestado. Lo único que es genuino y auténtico es lo que resuena en nuestro corazón, por eso es tan importante que le hagamos caso.

Pero igual que entraron esos condicionamientos, podemos sacarlos y dejar espacio para que penetren otros nuevos. Todo se puede cambiar, aunque tu resistencia al cambio sea, posiblemente, tu creencia más limitante. La mente, igual que el cuerpo, necesita una ducha diaria y una buena alimentación. Debemos limpiar nuestra mente de creencias absurdas, ideas que no son nuestras, negatividad mental y pensamientos limitantes que nos causan dolor y sufrimiento. Y tenemos que alimentarla, a su vez, con pensamientos de paz, amor, perdón y gratitud.

Para ello, lo único que tienes que hacer es corregir tu percepción de la realidad y trasladarla desde el paradigma del conflicto, el dolor y el sufrimiento al del amor y la paz mental.

Pero, ¿cómo hacerlo?, te estarás preguntando. Ésa es precisamente la pregunta del millón. La respuesta se encuentra en entender los trucos de la mente dual. Como la mente y el ego no son capaces de entender el mundo de manera multidimensional, lo simplifican todo en la dualidad (bueno/malo; fácil/difícil; amor/odio…). La verdad es que la percepción dual está tan implantada en nuestras estructuras mentales que no podemos concebir nada sin su contrario. Pero la realidad ni está fragmentada ni es dual. Por el contrario, vivimos en la unidad y el Universo está interconectado con cada uno de nosotros. Cuando aceptamos un aspecto de la dualidad, estamos rechazando su contrario y creando una realidad incompleta. ¿Lo entiendes? Por eso, si cambiamos la percepción dual y de separación por una percepción de unidad, habremos ganado la batalla al ego, que es el único que puede vivir en la percepción de miedo y sufrimiento.

Para saber en qué paradigma te encuentras: el del amor (unidad) o el del miedo (dualidad, separación), revisa a menudo tus pensamientos. Ya sabes que son la arquitectura de tu realidad. Si examinas los resultados que has obtenido en tu vida, sabrás qué tipo de pensamientos han dado forma a la realidad en la que vives.

¡A la ducha!

He disfrutado de muchas conversaciones con mi ego. Me encantaba dialogar con él en voz alta en la ducha. Reconozco que al principio me parecía casi tan testarudo como yo y lo consideré un interlocutor inteligente…

—¡Reacciona, tú eres así!

—Nadie es de ninguna manera y todo se puede cambiar.

—Demuestra que eres el mejor.

—No tengo nada que demostrar. Nadie es mejor que nadie.

—Busca reconocimiento.

—No me interesa, quiero sentirme satisfecho.

—Te ofrezco una nueva ilusión para ser feliz.

—No me interesan tus fantasías. Cuando llego no hay nada. Y ya me conozco el cuento del éxito y la acumulación.

—Tanto tienes, tanto vales.

—Satisfechas las necesidades básicas, la única medida es el amor.

—Fíjate en lo que te ha hecho, ha sido a propósito. Te ataca.

—Todo el mundo hace lo que puede. Nadie me está atacando.

—¿Cómo ha podido hacer eso? ¿Lo has visto?

—No me interesa juzgar y criticar. Tengo suficiente conmigo mismo.

—Defiende tus ideas. ¡Tú tienes razón!

—No tengo nada que defender. De hecho, intentar cambiar o convencer al otro es una paranoia.

—Busca la seguridad, utiliza a los demás.

—Busco el amor incondicional.

En cada ducha tenía la sensación de que mi ego perdía fuerza y que una parte de él se escapaba por el desagüe.

Él volvía e insistía, pero cada vez con menos fuerza. Mis creencias y mi ideología se debilitaban proporcionalmente.

Así conseguí mi propósito de ponerlo al servicio de mi corazón.

Propuesta de ejercicios

1. Repasa tus ideales y comprueba que no serían los mismos si hubieses nacido en otro lugar del mundo. Olvídate de que quieres tener razón y de defenderlos a capa y espada.

2. A partir de hoy mismo no analices dualmente. No lo simplifiques todo a la dualidad y proponte descubrir toda la gama de colores en cualquier situación o creencia.

«Lo que las ideologías dividen al hombre,
el amor con sus hilos los une en su nombre».

RICARDO ARJONA

4. Desprogramar la mente

Todo lo que hemos vivido y experimentado, absolutamente todo, configura nuestras creencias inconscientes, es decir, certezas que no admiten discusiones y convicciones que ya se han convertido en verdades como puños. Tal es su grado de profundidad que ya han echado raíces en nuestro subconsciente. La mayor parte de lo que hemos experimentado se ha incorporado a nuestro yo biológico convirtiéndose en nuestra segunda piel, una segunda piel con un programa hecho a nuestra medida que sólo es necesario activar para que se ponga en funcionamiento de manera automática.

Es fácil en este punto hacer una analogía entre nuestra mente y un ordenador. Al igual que el ordenador funciona bajo la programación de un software, nuestro cerebro también responde a un programa mental repleto de carpetas que tienen que ver con nuestras vivencias, valores, ideas, convicciones, creencias y un largo etcétera. Nuestra mente lo que hace es actuar siempre siguiendo ese programa personal, que es el único que conocemos. Y lo repite generación tras generación sin cuestionarse si quizá el programa ya ha quedado obsoleto o no es el más adecuado para mi yo biológico sencillamente porque yo no lo he elegido.

¿Y si por un momento pudiéramos plantearnos que las cosas pueden ser de otra manera, que las creencias se pueden modificar si cambiamos el modo en que percibe nuestro cerebro? El verdadero poder se nos revela cuando empezamos a analizar a fondo nuestras creencias para decidir desprogramarnos.

De este modo, mi percepción del mundo no puede ser real, ni tacharse como verdad absoluta porque proviene de lo que conozco, que es fruto de un proceso mental que comienza con la idea de lo que deseo para ir en su busca. Todo lo que percibo es, asimismo, fruto de lo que pienso, una realidad que sólo es real en mi mente. Me convierto en observador, proyecto lo observado y compruebo que tengo razón porque sólo puedo ver lo que conozco. Son nuestros pensamientos los que determinan el mundo en que vivimos que, evidentemente, sólo representan una realidad personal y fragmentada. Yo veo la mía y tú, la tuya. El mundo no es más que un espejo que refleja la imagen del observador.

¿Y si escogemos de manera consciente el «programa» que vamos a activar en nuestra vida? Eso está bien pero, en todo caso, primero tendremos que aprender a desprogramar el software antiguo, caduco y obsoleto que los años le han otorgado la medalla de irreemplazable e imprescindible. Es decir, tendremos que desaprender lo aprendido. Cualquier programa se puede desprogramar.

¿Parece sencillo? Lo es. Sólo tienes que pulsar el botón de *reset* y automáticamente hacer borrón y cuenta nueva. Cancelemos todos los traumas del pasado, las creencias limitadoras, los temores a no ser merecedores de nada, los desengaños… todos los miedos escondidos en tus sombras que te han anestesiado a lo largo de tu vida. A estas alturas, ya sabrás que la mayor parte de las ideas y creencias que nos limitan lo hacen sin que nosotros seamos plenamente conscientes de ello, porque actúan en el plano de nuestro subconsciente. Por tanto, exploremos y conectemos con nuestra parte no consciente para deshacer esa limitación.

¿Sabías que el 95 por 100 de nuestras reacciones son activadas por nuestro inconsciente, es decir, ese espacio de nuestra mente que no se ve, que está oculto y que escapa a nuestro control consciente que ocupa el 5 por 100 restante? Y como a las personas nos encanta tenerlo todo bajo control, nos rebelamos ante la idea de que muchas de nuestras conductas tengan un origen inconsciente, ya que eso nos restaría libertad y determinaría nuestras vidas.

Por eso es tan importante tener la valentía de entrar en ese espacio invisible a nuestros ojos y conectar con él para entender muchas de nuestras reacciones y conductas automáticas. Cuando comprendamos que el inconsciente es la llave que abre la puerta a nuestras potencialidades, a la intuición y a la creatividad, seremos totalmente responsables de nuestra vida y, por tanto, libres.

Seguro que te estarás preguntando cómo conectar con tu subconsciente. En un primer momento puedes empezar invirtiendo por completo la forma en que ahora percibes el mundo, vaciarte del programa anterior para disfrutar de una mente con una abertura más auténtica. Ésta es la única manera que te puede llevar al cambio en pos de la paz interior. Por tanto, el primer paso es limpiar la suciedad que se ha instalado en tu mente, liberarla de todas las ideas del pasado que ya no tienen sentido y que condicionan tu vida. Cuanto más claro y limpio estés, con más claridad percibirás. Se trata de invertir los pensamientos.

Y esto no es ni fácil ni difícil, es sencillamente una decisión personal que implícitamente te escoge, es decir, te escoges. Es tu opción personal, tu manera de vivir la vida que eliges bajo tu responsabilidad y compromiso. Desde esta elección es necesario deshacer todas las fantasías e ilusiones que creíste que eran valiosas y aprender a «mirar» sin hacer juicios. Tu vida sólo la puedes vivir tú. Decide en este momento, aquí y ahora, que quieres recuperar la autoría de tus emociones y tu innata felicidad.

Recuerda que el acto de amor más sublime que puedes ofrecer al mundo, y por ende a los demás, es limpiar tu mente.

Venimos como un ordenador vacío, como una pizarra limpia que, dependiendo de dónde nacemos, se llena de unas cosas o de otras. La mente y el ego se saturan de problemas para convertirse en protagonistas imprescindibles.

Y tenemos conflictos porque creemos que podemos tenerlos.

Fertilizando los viajes se aprenden nuevas formas de vivir y se despejan muchas dudas:

La etnia tana-toraja, de las islas Célebes o Sulawesi, considera la muerte de un modo totalmente distinto al nuestro, de manera que la considera el día más importante de la vida.

En otras culturas de nuestro mundo, la muerte es un motivo de satisfacción, pues se cree que al morir el cuerpo, el alma regresa a su verdadero hogar, donde se reencuentra con todos sus seres queridos y donde esperará a los siguientes.

La diferencia abismal de cómo nos enfrentamos a la muerte dependiendo del lugar donde hemos nacido supone una evidente demostración de cómo nos marcan los condicionamientos externos.

Si creemos (yo tengo la absoluta certeza) que la muerte es una separación temporal, un tránsito, que somos eternos y que el alma o la esencia sigue viva, la muerte pierde todo su dramatismo.

Y éste es un excelente punto de partida para vivir la vida.

Propuesta de ejercicios

1. Diseña y elabora tu propio ritual. Es preferible que haya fuego (aunque una vela y un poco de incienso pueden ser suficientes). Purifícate con tus manos (y el incienso) de la cabeza a los pies. Cierra los ojos para sentir que te estás limpiando y que estás dejando ir todos los programas que no son tuyos, todas las ideas, filosofías y creencias que te has creído que eres. ¡Vuelve a nacer sin ellas!

5. No juzgar me libera

Una de las maneras más eficaces de limpiar nuestra mente es, sin duda, eliminando el juicio y la crítica. Parece complicado, y lo es, excepto que no juzgar se convierta en una decisión personal y en tu prioridad principal. Y digo principal porque si la relegas a un segundo o tercer plano, cuando te descuides, el juicio ya se habrá situado en tu mente. ¿Has hecho la prueba de pasar veinticuatro horas sin emitir ni un solo juicio?

Desde que nos levantamos por la mañana hasta que nos acostamos por la noche no dejamos de emitir juicios sobre nosotros mismos y sobre los demás. Nos hemos convertido en jueces intolerables y en metralletas de juzgar. ¿Y por qué nos gusta tanto jugar al juego del juicio? ¿No es la crítica el deporte nacional que practicamos con más devoción cuando nos reunimos entre amigos?

Y es que nos encanta buscar las faltas ajenas y, cuando creemos que las hemos encontrado, las condenamos sin ningún miramiento porque siempre soy yo el que tiene la razón y el otro el que está equivocado. Otra vez la mente dual del ego separando lo que está bien y lo que está mal, lo que es verdad y mentira… haciendo juicios que le permitan castigar y atacar lo que no coincida con su razón.

Si juzgamos es porque estamos ante una percepción distorsionada de la realidad, es decir, solamente veo lo que conozco, y bajo esta mirada restrictiva todo lo que no se amolda a lo que «deseo ver» se percibe como una falta merecedora de condenación. Y es entonces cuando señalamos con el dedo aquello que percibo como inadmisible y otorgamos el veredicto de culpable tras el juicio. ¡Ya es hora de que dejes de escupir a los demás lo que no aceptas de ti mismo!

¿Qué tipo de vida podemos tener si la creamos desde el juicio y la crítica? Lo que nos encontraremos es la consecuencia directa de nuestros juicios anteriores.

Si soy consciente de hasta qué punto mi mente enjuiciadora me aparta de los demás, porque es el juicio que hago sobre ellos lo que me impide amarlos (porque no son como yo considero que han de ser), podré salir de la esclavitud de juzgar. Y la única manera posible de hacerlo es saliendo de la percepción distorsionada y restrictiva de nuestra mente dual. El juicio siempre es una consecuencia de la mente separada. Si dejamos de juzgar podremos ver la esencia de las cosas. Si nos olvidamos de criticar, de emitir juicios y pronósticos negativos, y de quejarnos, todo empieza a cambiar y a fluir. Sin conciencia, en el momento en que percibimos algo ya lo estamos juzgando y condenando. Por eso es tan importante permanecer alerta y presentes las veinticuatro horas del día.

Además, ya podrás imaginar que emitir juicios es sumamente debilitante porque la crítica nos conduce de manera inevitable a pensamientos y emociones negativas que nos agotan y nos restan energía. Y no sólo eso; además, cada vez que juzgamos a los otros, nos estamos juzgando a nosotros mismos, es decir, estamos sacando nuestra peor parte para endosársela a los demás. Otra vez estamos percibiendo en los otros aquellos defectos que detestamos de nosotros mismos. Y es que señalar las faltas del otro duele menos que asumirlas.

Eso no significa que no tengamos criterio sobre lo que me gusta o no me gusta, lo que comparto o no comparto de los demás… eso es una cosa, y otra muy diferente es emitir un juicio sobre lo que no se amolda a mi razón y condenarlo. Nada ni nadie te da el derecho de juzgar a una persona, aunque pienses que tu razón es la «única y verdadera», a pesar de que creas que tu juicio está justificado y el otro deba comprender «por su bien». Tal vez podamos ser mejores personas, pero en ningún caso somos culpables de nada. Cuando entiendas que los demás no necesitan nuestra corrección, sabrás que lo que produce el cambio es la comprensión y no la crítica. Y es que siempre acabamos haciendo lecturas erróneas de la intención del otro. Es nuestro pensamiento sobre las supuestas faltas de los demás lo que en todo caso debe ser corregido.

Cuando dejas de juzgar, te liberas de la pesada carga de criticar, condenar, acusar y atacar a los otros, y, por extensión, a ti mismo. Nadie tiene el derecho de acusar a nadie, del mismo modo que nadie es culpable de nada. No juzgar es el camino inicial para alcanzar la esencia de las cosas.

Recuerdo perfectamente el día de la propuesta definitiva de dejar de juzgar. Acababa de llegar de un viaje a Nepal, donde tras meditar habíamos conseguido dominar el viento y la lluvia en una demostración evidente de que todos somos lo mismo y estamos conectados con la naturaleza.

Comprendí que esa vibración alta no tiene sentido sin una vida cotidiana en la excelencia, y que cada vez que criticaba construía una vida repleta de juicios.

Me gusta comparar ambos acontecimientos porque enseguida vislumbré que para poder dejar la crítica era necesaria mucha más determinación y perseverancia.

Por ello busqué un anclaje para iniciar un proceso de tres pasos: el primero, ser consciente cada vez que emitía un juicio; el segundo, no verbalizar o recrear la crítica que ya se había producido, y el tercero y objetivo final, liberarme de emitir cualquier tipo de juicio a nada ni a nadie.

Ello me llevó inevitablemente a un cambio total de amistades y relaciones y, por extensión, a mi manera de percibir el mundo.

El anclaje fue (y aún de vez en cuando lo utilizo) taparme con el dedo índice el orificio izquierdo de la nariz. Todavía hoy esbozo una sonrisa recordando alguna reacción de sorpresa de las personas que me veían tapármela con un gesto rápido y girarme físicamente para ser consciente del juicio.

Propuesta de ejercicios:

1. Habla de ti y de lo que sientes. No hables de los demás que no estén presentes y no pongas etiquetas.

2. Asume el desafío de no juzgar durante veinticuatro horas. Sé perseverante y conviértelo en tu primera y absoluta prioridad. Si es necesario busca un anclaje. Puedes empezar compartiendo el reto con algún amigo buscando la parte divertida del tema: ¿de qué vamos a hablar si no criticamos? Prueba primero con diez minutos, después con veinte, más tarde con treinta... hasta que durante un día entero no pronuncies ninguna crítica o juicio. Te aseguramos que cuando lo consigas, tu vida dará un giro espectacular y este libro ya habrá valido la pena.

> *«Mantén tus pensamientos positivos*
> *porque tus pensamientos se convierten en palabras.*
> *Mantén tus palabras positivas*
> *porque tus palabras se convertirán en acciones».*
>
> Leo Buscaglia

6. Las palabras condicionan tu vida

Hoy sabemos científicamente que las palabras no se limitan sólo a describir la realidad, sino que la crean. También sabemos que a pesar de que son símbolos de símbolos, codifican nuestro ADN, que será el que transmitiremos a las futuras generaciones.

El lenguaje contiene la vibración de lo que se nombra y de esta manera penetra en nuestra consciencia y atrae aquello a lo que le hemos puesto palabras. Por tanto, podemos afirmar que la realidad se crea primero en mi mente a través de mis pensamientos y luego se refuerza a través de mis palabras.

Las palabras tienen el poder de transportarnos a emociones y sentimientos según las experiencias que les asociemos.

Por ese motivo, todos utilizamos el lenguaje para «interpretar» lo que nos ocurre y cómo nos sentimos. Y a través de estas interpretaciones vamos creando nuestras creencias y convicciones, que poco a poco irán modelando nuestra personalidad, es decir, esa persona que creo que soy. Y estas convicciones se instalan de tal manera en nuestro subconsciente que acaban determinando nuestra manera de actuar y de ser.

Por eso es tan importante revisar las palabras que utilizamos en nuestra conversación interior. Éstas son conexiones directas hasta nuestro subconsciente, ese 95 por 100 que dirige nuestras vidas. Y es que nuestra realidad personal tiene mucho que ver con mi diálogo interior. Esta conversación es la más importante de todas las que mantenemos a lo largo del día y, la mayoría de veces, la que más descuidamos. Y es la más importante porque nuestro subconsciente se limita a recibir instrucciones y, de esta manera, se cree todo lo que le dice nuestro diálogo interior. Absolutamente TODO.

Cada palabra que pronuncias es un decreto: positivo o negativo. Si es positivo, se manifiesta en amor; si es negativo, se pronuncia mediante el miedo. Si es contra el prójimo es lo mismo que si lo estuvieras decretando contra ti. Se vuelve en tu contra como si de un bumerán se tratase. Si es bondadoso y comprensivo, recibirás la bondad y comprensión de los demás hacia tu persona.

Examina tus pensamientos y las palabras que utilizas para comunicarlos, y si abundan términos como «difícil», «imposible», «no puedo», «no soy capaz», o condicionales como «deberías» o «no deberías», «tendrías», «no tendrías» o el típico «sí, pero», cambia tu vocabulario limitante, negativo y enjuiciador por otro más positivo, agradecido y generoso. Si nos fijamos en cómo nos comunicamos, veremos que no suelen abundar las expresiones de alabanza, admiración, reconocimiento, gratitud, perdón... Digamos más «gracias», «por favor», «lo siento», «te quiero»... Son gratis y hacen que sanemos de inmediato, y sanan, a su vez, a quien las escucha. Si las palabras salen del corazón, llegarán también al corazón de la persona que las recibe.

Lo que sale de tu boca no es más que lo que eres. Si no honras la palabra, no te estás honrando a ti mismo, y si no te honras a ti mismo, no te amas. De aquí su poder. Cuando vives de acuerdo con lo que dices, tus palabras adquieren una fuerza increíble. El reto reside en transformar en acciones todas las palabras y pensamientos positivos y amorosos.

Es por este motivo que resulta imprescindible utilizar el lenguaje para conectar y fusionarnos con nuestro corazón, con la fuente universal, con la partícula del polvo de estrellas del que estamos hechos, y, por extensión, conectarnos con el Universo. De las palabras al Universo sólo medias tú. Sólo en la fuerza, positividad y potencialidad del lenguaje podemos reencontrar nuestra libertad. Hagamos de la palabra nuestra propia ley y sellémosla con la palabra AMOR.

Me encontré con una prueba evidente de que las palabras condicionan la vida en uno de mis primeros viajes por el África negra.

En mis primeros viajes a África me pareció increíble que cuando daba una gorra, unas gafas o cualquier otro objeto a un niño o a una niña, al día siguiente el objeto lo tenía

53

otro niño o u otra niña, y así sucesivamente, hasta pasar por todos los chavales de la tribu.

Indagué por qué hasta descubrir que en algunos idiomas africanos los posesivos no existen, y, por tanto, nada es de nadie y todo es de todos. Las palabras, o la ausencia de las mismas, nos condicionan la vida.

Pensé en mi casa, en mi ciudad y en Occidente, y en lo que le decimos a nuestros niños... No sólo concretamos que es suyo, sino que además les recalcamos que lo dejen a cambio de que el otro les deje sus cosas en un futuro. Me pareció surrealista que yo mismo estuviese educando desde la posesión y el intercambio, sin ni siquiera un planteamiento previo de cambiar un programa que pasa sin discusión alguna de generación en generación.

En nuestro mundo todo es de alguien (mi casa, mi vehículo, mi móvil, mi comida...); incluso a las personas les ponemos el posesivo delante (mi madre, mi hijo, mi hermano, mi amigo, mi esposa...). Y una vez que aparece el posesivo «mío», me convierto en un competidor.

Y desde el programa del intercambio nos pasamos la vida ofreciendo cosas, e incluso sentimientos, a cambio de alguna contraprestación. Siempre a cambio de alguna cosa, una manera de vivir que nos aleja irremediablemente del amor incondicional.

Propuesta de ejercicios

1. Exprésate en positivo. Borra de tu vocabulario palabras y expresiones como «difícil», «imposible», «nadie», «to-

dos», «siempre», «nunca», «no puedo», «pero», «debería de…» y «tendría que…».

Y pronuncia con consciencia y a diario palabras como «gracias», «por favor», «felicidades», «puedo», «siento», «te admiro», «te amo», etcétera.

2. Lee cada mañana y/o cada noche las siguientes afirmaciones que han mejorado la vida de muchas personas. También puedes escribir y leer tus propias afirmaciones (éstas, simplemente, te pueden servir de guía):

Soy sutil, soy energía, soy emoción, soy espíritu, soy sinfonía creativa, soy consciencia cósmica, soy AMOR.

En la perfecta ausencia de juicios, percepciones y críticas, quiero CREAR mi vida.

Nací limpio/a. El acto de amor más sublime que puedo ofrecer es limpiar mi mente.

Estoy rodeado de espejos. Todo lo que me rodea soy yo.

Desde la madurez emocional, decido el paradigma del corazón y el camino que me ilumina con intuiciones que son la luz del alma.

He cometido errores pero ya no están. Me perdono, envío los errores al Universo y se deshacen.

Integro mis sombras. Creo desde ellas. También soy yo.

Me relajo. Todos somos lo mismo y estar es suficiente.

El sufrimiento y el sacrificio son contrarios al amor.

Quiero vivir en el cuadrante de la abundancia, la salud y el sentido del humor.

Soy eterno/a. Ilimitado/a. Merecedor/a de todo.

Me conecto en mi centro y conecto. Conecto conmigo y, por extensión con todo. Soy todos.

Tomo consciencia y paso a la acción.

Sé disfrutar. Sé dar y recibir. Sé compartir.

Soy valiente. Lo tengo todo. Mi corazón es el centro del Universo. Le hago caso y me expando a través de las emociones.

Soy sabio/a. Soy plenitud. Soy inspiración.

Desde mi inocencia y la de los demás soy invulnerable.

Esto me da la certeza. SOY UN DIOS o UNA DIOSA.

«El mundo es nuestra demencia interior.
La pésima distribución de la riqueza
es la pésima distribución de nuestras mentes».

Un Curso de Milagros

7. Afecto a los demás

Hoy sabemos, gracias a la física cuántica, que todo está interrelacionado y que lo que sucede en cualquier parte del mundo afecta al resto del planeta. Claro está que desde la dualidad de nuestro ego, todo se nos muestra como separado, y creemos que nada de lo que pensamos, decimos o hacemos puede afectar a los demás. Como mucho, consideramos que podemos influir en todas aquellas personas o situaciones que nos resultan más cercanas, pero en ningún caso en aquellos que no conocemos o no nos importan. Y todavía menos creemos que nuestros pensamientos pueden influir a miles de kilómetros y afectar al lugar más recóndito del planeta.

Desde esta perspectiva, nos movemos y actuamos desde la separación, es decir, desde nuestro individualismo y nuestro propio interés. Como la mente no es capaz de entender el mundo de manera multidimensional, lo simplifica todo en la dualidad. Pero la realidad ni está fragmentada ni es dual. Por el contrario, vivimos en la unidad y el Universo está interconectado con cada uno de nosotros. Cuando aceptamos un aspecto de la dualidad, estamos rechazando su contrario y creando una realidad incompleta. ¿Lo entiendes? La física cuántica nos enseña que el Universo es holográfico porque la parte está en el todo y a la inversa. Y que nosotros estamos hechos del mismo polvo de estrellas que el Universo, es decir, somos parte de ese Universo que es la fuente de la cual provenimos. Así las cosas, es evidente que todos somos lo mismo y que estamos conectados a niveles más sutiles de conciencia.

Nosotros, como observadores, influimos en lo que observamos y lo hacemos real. Desde el momento en que mis pensamientos, incluso el más mínimo, afectan a los demás es mi responsabilidad para con el resto del mundo cuidar lo que pienso y las palabras que utilizo para describir este pensamiento. Seguramente parecerá chocante lo que se va a comentar, pero cuando alguien tiene pensamientos del tipo «te mataría», «te estrangularía», etcétera, otra persona en algún lugar del mundo está afectado por esos pensamientos, que de manera inconsciente consideramos inofensivos, pero que están «matando» y «estrangulando» a otro. Por eso, como sabemos que lo que pensamos afecta a los demás, deberíamos «renunciar» a pensamientos «privados» de este tipo, limpiar nuestra mente y enfocarnos en pensamientos amables, pacíficos y amorosos. Sólo así podremos crear un mundo sin violencia, sin guerras, sin pobreza y sin miedo. Que tus pensamientos, acciones y palabra influyan en el cambio que deseas ver en el mundo. Cuando la paz esté en el pensamiento de la masa crítica, la paz en el mundo dejará de ser una utopía.

Cada vez que tengas pensamientos con una frecuencia vibracional instalada en el miedo y en la negatividad, ten presente esto: «Este pensamiento está afectando a los demás». Y, por descontado, funciona igual a la inversa, aunque nosotros tan sólo podemos decidir lo que pensamos y cambiarlo si no nos gusta; en ningún caso podemos modificar los pensamientos de los demás. Por tanto, es nuestra responsabilidad contribuir en una ecología mental como un proyecto común y solidario de todo el planeta: no ensuciemos el mundo con pensamientos negativos.

Únicamente actúo con madurez emocional cuando asumo que todos somos responsables de lo que ocurre en el mundo, porque si somos parte de un todo, nuestros actos, pensamientos y palabras repercutirán en el Universo. Y me responsabilizo cuando adquiero consciencia de que mi desorden personal colabora en el desastre del planeta.

La totalidad del cosmos está influenciado por las acciones, palabras y pensamientos de todos los seres, los cuales contribuyen a deformar el Universo a cada instante. Un mundo que no es más que un reflejo de nuestra demencia interior. Y donde la pésima distribución de nuestras mentes se convierte en la pésima distribución de la riqueza en el planeta.

La suma de nuestro egoísmo y nuestros programas de no compartir provocan situaciones que ya deberían estar en los museos hace muchos años. Pero todavía hoy, como ya hemos mencionado con anterioridad, 60.000 personas mueren de hambre cada día y 200 millones de niños son obligados a prostituirse cada año.

Decidí desprogramarme y dejar de contribuir a la locura del mundo que hemos creado cuando tuve la certeza de que todos somos lo mismo y que todo lo que hago, pienso o digo afecta a todos los habitantes del planeta. Y, por tanto, soy responsable de todo lo que ocurre en el mundo y mi pésima distribución mental contribuye a la pésima situación de mis semejantes.

En mis viajes por el África negra y Asia he sido testigo de verdaderas atrocidades. Tengo muchas imágenes durísimas grabadas en mi memoria que con sólo una canción o un recuerdo regresan para romperme el corazón, desencajarme el rostro y llenármelo de lágrimas. Una de ellas sucedió en un precario hospital, sin agua ni medicamentos, donde un médico sin recursos nos mostró a seis bebés prematuros en una incubadora, sabiendo que todos morirían aquella misma tarde. Seis recién nacidos situados en posición vertical en la misma incubadora inservible y sin cubierta.

Eran tan pequeños que parecían ratas y no humanos.

Propuesta de ejercicios

1. Consume de forma consciente, responsable y crítica. Y no favorezcas a empresas que estén relacionadas con la guerra, las armas y el resto de actividades contra los seres más vulnerables del planeta.

   Si puedes, dedica una hora a la semana a cualquier asociación sin ánimo de lucro cuyo propósito sea reducir las desigualdades de nuestro mundo.

2. En cada comida da las gracias por los alimentos que tienes delante y da por hecho que muy pronto todos los habitantes de la Tierra tendrán comida suficiente para alimentarse.

*«La vida que es tan corta al parecer
cuando se han hecho cosas sin querer»*

PABLO MILANÉS

8. Crea tu propia vida

La física cuántica ha demostrado sobradamente que somos el reflejo de lo que pensamos y que podemos crear nuestra vida a partir de estos pensamientos. Por tanto, la paz o el conflicto que sientes en estos momentos es la consecuencia de lo que has pensado antes. Como ya sabrás, los pensamientos crean emociones y éstas son las responsables de tu manera de actuar y de cómo te comportas. De manera que si no te gusta cómo te sientes, cambia tus pensamientos, el diálogo interior que mantienes contigo mismo.

A estas alturas ya sabrás que *todo cambio se inicia con un simple pensamiento*, es decir, que para que nuestra vida cambie, primero tenemos que cambiar lo que pensamos. Estos nuevos pensamientos nos producirán una nueva emoción, que hará que actuemos de una determinada manera (diferente a la inicial). Y nuestra conducta nos proporcionará una nueva experiencia, la cual nos provocará un nuevo sentimiento que si lo memorizamos y pasamos a nuestro disco duro, se transformará en un nuevo programa actualizado de mi nuevo yo biológico. Y te habrás convertido en tu yo ideal. Si creamos a partir de experiencias pasadas, sólo obtendremos experiencias repetidas, por tanto, hay que centrarse en lo que nos gusta y queremos que entre en nuestra vida, en vez de en lo que no nos agrada y no funciona. El pensamiento creativo no debe centrarse en la ausencia, sino en una realidad potencial, es decir, pensar en lo que se echa de menos impide conseguirlo porque incluye la presunción de una carencia y tus pensamientos de carencia sólo atraerán más carencia a tu vida.

Éste es el secreto de la creación cuántica: pasar de pensar en la persona ideal que deseas ser a convertirte en ella. Ahora somos observadores cuánticos de una nueva realidad porque el que puede cambiar sus pensamientos también puede modificar su destino. ¡Qué gran poder! De esta manera, adquirimos toda la responsabilidad cuando tomamos conciencia de que somos nosotros, con nuestros pensamientos, los que creamos día a día nuestra vida. Ya no podrás culpar a nadie de lo que te ocurre. Y nadie te podrá echar la culpa. ¿No es maravilloso?

La física cuántica ya ha demostrado que todo lo me pasa lo he escogido yo y soy el único responsable. Es una petición elaborada desde mi subconsciente. Por tanto, soy dueño de mis circunstancias y de mi destino, y los demás son el reflejo absoluto de mi estado emocional. Desde este punto de vista, es fácil, y, a la vez, duro, afirmar que todo lo que pienso que los otros me hacen me lo estoy haciendo yo mismo. Y todo lo que veo dentro y fuera de mí es únicamente mi responsabilidad. Así es que si observo todo aquello que me rodea, podré conocer cuál es mi creación y, por tanto, quién soy yo en cada momento. Y mi madurez emocional me debería llevar a cambiar las cosas que no me gustan, consciente de que la decisión está en mis manos. Acepto mi responsabilidad sin cargársela a nadie porque eso me restaría libertad y me haría estar a merced de alguien o algo que no sería yo mismo.

Por tanto, debemos olvidar el victimismo y la obediencia de una vez por todas. Porque si, por ejemplo, me siento y considero una víctima, el Universo me enviará un gran número de victimarios para que siga cumpliendo el papel que he escogido.

Si me siento una alfombra, todos me pisaran sin contemplaciones. Y si me considero un dios o una diosa, sólo me sucederán las cosas que a éstos les ocurren.

De hecho, todos los pensamientos están en el campo cuántico de todas las posibilidades y somos nosotros los que escogemos una realidad al focalizarnos en un pensamiento. Cuando sostienes en tu mente una visión enfocada es casi imposible que no termine haciéndose real. En realidad, atraemos aquello que pensamos porque se convierte en nuestro foco. Cualquier cosa en la que concentremos nuestra atención aumentará; si la retiramos, disminuirá. Y ¿por qué? Porque todo pensamiento es magnético y emite su propia energía vibracional, que sintoniza con la energía del Universo. De esta manera, como lo igual y lo semejante se atraen, nos acabamos convirtiendo en aquello que pensamos. De manera que decidamos con conciencia y de un modo deliberado cuáles son los pensamientos que van a alimentar nuestra mente y cuáles los que vamos a vetar. Si creamos teniendo como base una pésima programación y pensamientos negativos y de carencia, de miedo y de limitación, está claro adónde vamos a llegar y la vida que vamos a tener. Si miras con atención y sinceridad en tu interior, te darás cuenta de que si existe infelicidad y dolor, es porque tú lo has alimentado con tus pensamientos. Desde esta perspectiva, es esperanzador entender que siempre puedo decidir alimentar mi mente con pensamientos de alta energía vibracional y crear desde un estado de entusiasmo, amor, plenitud y gratitud. Es fantástico seducirnos a nosotros mismos y crear nuestra propia vida, la que elegimos aquí y ahora bajo nuestra responsabilidad. Esto es justo lo que nos hace libres para vivir única y exclusivamente la vida que hemos elegido.

Había escogido la propuesta de ser un dios y hacer lo que me hacía sentir bien las veinticuatro horas del día.

Cada noche, antes de acostarme, me preguntaba si lo había conseguido. Si la respuesta era positiva, me servía de acicate para afianzarme. Si, por el contrario, era negativa, me perdonaba y me emplazaba para conseguirlo a partir del día siguiente.

Tengo que reconocer que me ayudaron (el Universo se abre a cambios si uno se abre primero). En un principio imaginé que me acompañaban dos hadas, mi ángel de la guarda y un pájaro mágico cuya misión era guiarme y darme fuerza para ser perseverante.

Una amiga, al pensar que todavía necesitaba más ayuda, puso dos ángeles más en mi vida y definió el equipo definitivo.

Así que éramos siete (el único problema es que a veces no cabíamos en el vehículo).

Su presencia y su confianza me dieron alas para avanzar. ¿Quién podía seguir poniendo excusas para no enfrentarse a retos ambiciosos con semejante equipo?

¿Quién me puede decir si existen o no? Pues claro que existen. Yo estoy convencido, y para mí es evidente que forman parte de mi realidad. De hecho, cualquier cosa que creas sinceramente es verdad.

Ahora les doy libertad para que vayan a colaborar a otros lugares y para otras personas. Melquíades, al ser un pájaro, pasa más desapercibido que los ángeles y las hadas.

Propuesta de ejercicios

1. No vuelvas a culpar a nadie de tu situación o tus problemas. Ha llegado la hora de la madurez emocional en la cual eres el único responsable de lo que ocurre en tu vida. Relega el victimismo, y, de paso, la obediencia, a un pasado sin ninguna posibilidad de retorno.
2. Haz *brainstorming* (lluvia de ideas) y ve escribiendo o dibujando en un papel las cosas que te gustaría hacer, cómo te gustaría vivir, cómo desearías ser… No te inhibas e imagina las cosas más locas y surrealistas. ¡Disfruta!

9. Crea tu vida con sentido del humor y alegría

Ahora que ya sabemos que somos nosotros los que nos creamos nuestra vida a partir de lo que pensamos, ¿por qué no decidir crearla desde la alegría y con sentido del humor? Todo será mucho más fácil y aprenderemos a relativizar todo aquello que nos pasa en la vida y que no nos gusta. Ponemos demasiada seriedad a nuestro día a día, algo que puede evitarse sólo con tomarnos las cosas con sentido del humor.

El papel que juega la risa y la alegría en nuestras vidas pasa desapercibido con demasiada frecuencia. Y precisamente pasa más desapercibido cuanto más necesario resulta. A medida que nos hacemos adultos, vamos perdiendo aquella capacidad innata que teníamos de niños de sorprendernos y reírnos por todo, de estar alegres sin motivo alguno, tan sólo porque ése era nuestro estado natural. Estábamos conectados.

Reír te conecta contigo mismo y con el Universo de manera directa, sin atajos. Y esto es así porque la mente y la razón no juegan en el juego de la risa. ¿Te has fijado que cuando ríes, dejas la mente en blanco y los pensamientos desaparecen? Es imposible reírte a carcajadas y pensar a la vez. En ese momento estás trascendiendo el cuerpo, el tiempo y el espacio. Los problemas desaparecen durante un instante y sólo hay espacio para tu niño/a interior, al que le encanta jugar, reír y conectar con el otro a través de la alegría.

Nos perdemos muchísimas experiencias interesantísimas cuando se nos acentúa el sentido del ridículo y sentimos vergüenza. Ésta es una de las emociones más castrantes y devastadoras que podemos sentir. La mente nos dice lo que es correcto y lo que es «ridículo», y así nos desconectamos de nuestra alegría innata.

Sólo cuando soy capaz de relajarme puedo reírme de mí mismo y salir de la necesidad de demostrar para verme como un observador privilegiado de una película de humor, y reír de corazón y ver mis propias estupideces y las del mundo. ¿Has comprobado que es mucho más fácil y gratificante enfrentarse a las dificultades desde el sentido del humor? Estar contento o triste es evidente que no te solucionará tus problemas, pero si estás alegre, el problema no te agobiará tanto. Fíjate que al esbozar una sonrisa, desaparece la presión, el estrés y la negatividad inicial.

Acostúmbrate a observar la vida desde su lado humorístico y a contagiar esa alegría innata para desbancar la seriedad y la negatividad que nos invade. ¿Sabes que científicamente está demostrado que reír libera la angustia, calma el dolor, favorece la respiración, la actividad cerebral y la potencia sexual? Hay infinidad de casos en que se ha demostrado el papel beneficioso del sentido del humor en la salud. Entre ellos se encuentra el testimonio del doctor Patch Adams, conocido por la película homónima. El doctor Adams viajó a países que han sufrido grandes catástrofes naturales o a territorios que se encontraban en guerra para disfrazarse de payaso y llevar un poco de alegría a aquellas personas que lo habían perdido todo. Cuando una persona se ríe, su dolor físico disminuye y las defensas aumentan.

¿Quieres una recomendación? Nunca te olvides del sentido del humor y la alegría para crear tu vida. No te acuestes ni un solo día sin haber reído. Tú te beneficiarás de ello y el mundo te lo agradecerá.

Oscar Wilde: *La vida es un teatro, pero la obra tiene un reparto deplorable.*

Groucho Marx: *Éstos son mis principios; si no le gustan tengo otros.*

Mark Twain: *Nunca he dejado que el sistema educativo interfiera en mi educación.*

Anónimo: *Vivir en la Tierra es caro, pero incluye un viaje gratis alrededor del Sol cada año.*

Atesoro el absoluto convencimiento de que hemos venido a disfrutar y que la alegría es una excelente compañera de viaje. Al buscar el lado cómico de las cosas siempre consigo relativizarlas. Y con sentido del humor me río de mí mismo. Quien ha dormido conmigo conoce que muchas noches, en pleno sueño, emito sonoras carcajadas.

Me encanta ponerme la nariz roja aún teniendo la certeza de que mi *clown* es mucho menos loco que mi personaje cuando no la llevo puesta...

Estoy bañándome en la playa, cerca de un pequeño restaurante con piscina donde descansan los compañeros de viaje. A pesar de estar a punto de llover decido seguir en el agua. En un instante, se produce una tormenta espectacular como jamás había visto ninguna. Sigo en el agua del mar disfrutando como un niño. Estoy, sin ser consciente, en un profundo estado meditativo: chapoteo, me sumerjo, miro el cielo, imito a un delfín, ofrezco mi rostro a la lluvia, juego y hablo con las olas... y río a carcajadas.

Salgo del agua corriendo y, al pasar junto a las enormes hojas de un baobab, decido bailar con ellas y con todos los árboles que me encuentro hasta llegar cerca de mis amigos, donde entro y salgo de la piscina disfrutando cada instante completamente conectado.

Empapado, me acerco a ellos invitándoles a que bailen a cubierto. La alegría se contagia y todos aceptan la propuesta ante la mirada atónita de algunos comensales.

Propuesta de ejercicios

1. No te acuestes ningún día sin haberte reído. Busca tu fórmula si durante el día no has tenido ocasión: colócate delante del espejo, ponte la secuencia de una película o de un cómico que te guste, cuéntate un chiste, recuerda un momento loco... cualquier cosa. Pero no te vayas a la cama sin reír.

2. Ponte las dos canciones marchosas que más te gusten y déjate ir. No pienses y baila desde la locura más profunda, procurando mover todos los músculos de tu cuerpo.

Y cuando salgas de casa dedica sonrisas.

«Cuéntale a tu corazón
que existe siempre una razón
escondida en cada gesto».

JOAN MANEL SERRAT

10. Estoy rodeado de espejos

Está demostrado científicamente que la mente cuántica es como un enorme espejo que te refleja lo que aceptas y consideras como verdad. De esta manera, tu mundo exterior se convierte en el reflejo de tu mundo interior.

Como las cosas son así, sólo podemos ver lo que conocemos, y cuando nos relacionamos con los otros, SIEMPRE nos vemos a nosotros mismos. Así, proyectamos en ellos la manera en que queremos que se nos muestren y que se comporten. Y si no son como nosotros deseamos que sean, los juzgamos, los criticamos y acabamos atacándolos.

Los espejos no hacen más que demostrarnos una verdad ancestral: creerás que los otros te hacen a ti exactamente lo que tú crees haberles hecho. Y una vez que te hayas engañado a ti mismo culpándolos y atacándolos, no verás la causa de sus actos porque desearás que la culpabilidad recaiga sobre ellos. ¡Qué infantil es la insolente maniobra de querer defender tu inocencia descargando tu culpabilidad fuera de ti mismo y achacándosela a los demás!

Lo que hasta ahora no sabíamos es que cuando atacamos a los demás nos estamos atacando a nosotros mismos, porque proyectamos en los otros todos nuestros conflictos no resueltos con la esperanza de resolverlos traspasándoselos al prójimo, que siempre acaba siendo el responsable de lo que a mí me ocurre, según mi ego culpabilizador. Y de la misma manera, cuando me atacan o, mejor dicho, me siento atacado, soy yo el que me estoy atacando a mí mismo. El otro sólo me muestra el reflejo de mi propio ataque, un ataque que reconozco en él porque ya está en mí. Atacas lo que no te satisface para olvidar precisamente que tú lo creaste.

En este sentido, los espejos son muy interesantes, ya que nos muestran nuestra verdadera naturaleza en relación a cómo nos comportamos con nosotros mismos y, por extensión, con los demás. ¿Has pensado que cuando te quejas de que los otros te pisotean y no te tienen en cuenta es porque quizás tú te tratas como si fueras una alfombra? Hasta que no cambies el concepto que tienes de ti mismo en este aspecto, los otros te seguirán mostrando la alfombra que eres. No tengas ninguna duda de esto: del mismo modo en que tú te trates, así te tratarán los demás.

Cuando eres capaz de darle las gracias a tu espejo por mostrarte todo aquello que debes autocorregir, el camino hacia el paradigma del amor adquiere una dimensión desconocida de auténtica plenitud. Es entonces cuando soy capaz de comprender que todo cuanto me rodea lo he creado yo, incluso mis espejos.

Por otra parte, nuestros inútiles intentos de dar una imagen ideal a los demás no es más que una estrategia para asegurarnos de que los sentimientos que hemos estado reprimiendo y escondiendo en nuestra sombra no nos alcancen. Pero de manera inevitable acabaremos viéndolos en el espejo del otro.

Por eso, cuando descubrimos que ya no nos gusta lo que vemos en el otro (recuerda que eres tú mismo reflejado en su espejo), cambiamos el espejo, sin comprender que una y otra vez veremos lo mismo en los demás hasta que no cambiemos lo que colocamos delante del espejo, es decir, a nosotros mismos. Cada nueva persona que encontramos es nuestro reflejo; cada relación, una nueva oportunidad de volvernos conscientes. Necesitamos al otro para saber quiénes somos, qué necesitamos y cuáles son los aspectos que debo corregir de mí mimo.

Cuando proyectamos aquello de lo que creemos que carecemos, aparece reflejado en el espejo del otro precisamente porque está en mí, ya que de lo contrario sería incapaz de verlo en él. Todo, absolutamente todo lo que vemos en el otro ya está en nosotros. Tanto lo que nos gusta como lo que no nos gusta. Por tanto, nuestro gran trabajo reside en reconocer, integrar y resolver todo aquello que empezamos a ver como intolerable en el otro, lo que más nos altera de él, lo que no puedes soportar y nos saca de nuestras casillas. Ahí está nuestra autocorrección. Corregir nuestra parte sin cambiar la del otro (ya la cambiará él si quiere) para recuperar nuestro poder personal.

Querer cambiar a la otra persona es una paranoia y no está en nuestras manos. Cuando entiendas que desear que otra persona cambie para adecuarla a tu conveniencia es simplemente imposible y una arrogancia de tu ego, te ahorrarás mucha energía y tiempo en la finalidad de querer cambiarla, aunque sea «por su bien». Como si alguien que no seas tú mismo pudiese saber qué es lo que te conviene pensar, sentir o hacer... Si a veces no lo sabemos ni nosotros mismos. Aun así nos empeñamos en dar consejos a los demás sin que ni siquiera nos los pidan. De lo que no tenemos ni idea es de que cada vez que estamos aconsejando al otro qué es lo mejor para él, o cómo debería actuar, estamos dándole el consejo que nosotros más necesitamos o nos gustaría recibir. El consejo no está dirigido a mi espejo, sino a mí. Otra vez, la ley de los espejos se repite y no falla.

De esta manera, cada relación acaba siendo un encuentro con uno mismo reflejado en el espejo del otro. Por eso son tan valiosas las otras personas que cumplen la función de espejos, y no hace falta ir demasiado lejos, ya que aquellos que tenemos más cerca acostumbran a ser nuestros mejores maestros. Afortunadamente, tenemos miles de espejos donde vernos reflejados. Y de ellos dependemos para recordar quiénes somos.

De la misma forma, mi propio espejo en el que se ven reflejados los demás es igual de valioso en cuanto contribuye a mostrar todo aquello de lo que el otro cree que carece, pero que, evidentemente, posee en su potencialidad. ¿Cómo si no iba a poder reconocerlo en mi espejo y yo, como tal, mostrárselo? La propuesta final debería ser que el espejo que somos contribuyera a mostrar de una manera consciente aquellas potencialidades del otro reflejadas en mí con el firme propósito de sacarlas a la luz para iluminar su camino y hacer que despierte.

Crecí desarrollando la técnica del bumerán para interpretar lo que los espejos decían de mí, poniendo énfasis en lo que me desagradaba de ellos, agradeciéndoles que me lo hubieran mostrado y decidiendo mejorar en mí esos aspectos concretos.

Con unos amigos, creamos la ONG COMPARTIM, donde mirándonos los unos a los otros, compartimos vivencias y descubrimos una y otra vez la enorme capacidad humana del otro y, por tanto, la nuestra.

Me cautiva la idea de las dos velas, una encendida y otra apagada, que cuando se acercan, la segunda prende. Por ello afronté el reto de convertirme en un buen espejo con la mente lo más limpia posible, no desde la arrogancia de cambiar a los demás, sino para contribuir a que el otro desarrollara aspectos que todavía no había reconocido en sí mismo (cosas que creía que no tenía, pero que evidentemente poseía en su potencialidad).

Propuesta de ejercicios

1. Cambia tú y comprueba cómo cambian los espejos.
2. Bumerán: cuando descubras algo que te molesta de alguien, agradécele que te lo haya mostrado y afronta el reto de cambiarlo en ti (siempre es tuyo).

11. Relacionarse desde la verdad, las emociones y la alegría

Si partimos de la base de que el amor no es únicamente un sentimiento, sino que es también una elección, las relaciones cobran una dimensión amplificada. Y esto es así porque las relaciones con los demás son clave en nuestra vida desde el momento en que el ser humano es un ser social capaz de relacionarse.

Por tanto, al tratarse de una elección, las relaciones acaban convirtiéndose en nuestra práctica espiritual más profunda, ya que lo único que pretenden es que seamos conscientes de quiénes somos. Por eso acaban siendo nuestro mayor aprendizaje y nuestra lección de amor más importante. Podríamos decir que las relaciones son un trampolín para el crecimiento de sus miembros.

En este sentido, quizás haya llegado el momento de cambiar los paradigmas que mantienen desenfocada la visión de lo que en realidad deberían ser las relaciones personales desde la verdad y honestidad de cada uno de sus miembros.

Es evidente que, cuando nos relacionamos, los otros nos actúan como un espejo en el que nos vemos reflejados nosotros mismos. Por eso, cada relación personal acaba siendo un fantástico encuentro con uno mismo. Sólo tenemos que fijarnos en cómo son nuestras relaciones para saber cómo somos nosotros. Y si creemos que las relaciones suelen ser difíciles o complicadas, deberíamos autoanalizarnos y revisarnos; quizás los difíciles y complicados seamos nosotros. Las relaciones, al fin y al cabo, no son ni más ni menos que lo que nosotros hemos hecho de ellas. ¿Has observado que lo que le pides a tu relación es precisamente todo aquello que no le das? ¿Te has dado cuenta de que todo lo que no te gusta o de lo que te quejas en tu relación es todo aquello que no te gusta de ti?

Para que las relaciones sean algo fácil, fluido, gratificante, etcétera, el primer requisito debería ser la honestidad con nosotros mismos. Y eso no significa ni más ni menos que conectar con nuestro corazón alineando nuestra mente con nuestra alma; lo que sentimos con lo que hacemos. Si nos mostráramos siempre así al relacionarnos con los demás, desaparecería la mentira y la crítica, que no son otra cosa que el amor mal entendido, porque todo lo que implique esfuerzo y sufrimiento tiene muy poco de amor.

Llegados a este punto, la pregunta clave sería: ¿a ti te gusta que los demás sean honestos contigo, que te digan la verdad y lo que en realidad sienten y piensan? Y la respuesta admitiría las siguientes cuestiones: ¿tú lo eres con los demás? ¿Les ofreces sinceridad y honestidad?

Pedimos honestidad, pero no somos capaces de ofrecerla, y desde esta premisa es evidente que desde la mentira no es posible construir relaciones auténticas y duraderas. Está claro que hemos erigido una sociedad en la que la paz social se basa en la mentira porque en realidad tenemos miedo de mostrarnos tal y como somos, sin disfraces ni caretas, enseñando nuestras carencias y sombras. Nos asusta lo que los demás piensen de nosotros y, de esta manera, nos justificamos porque no nos creemos dignos de amor sin tener que demostrar nada.

Nos han educado para mentir, para mostrar medias verdades y justificarnos por todo. Los niños creen lo que ven, no lo que les decimos (que acostumbra a ser todo lo contrario). Por eso, desde muy temprana edad, el niño aprende que si es sincero y dice o hace lo que piensa, es posible que sus padres se acaben enfadando. Y no sólo eso, incluso los padres lo acabarán castigando por lo que nos han dicho que les gusta para dotar de mayor efectividad el castigo. Si en todo momento y circunstancias de nuestra vida fuésemos honestos y dijéramos lo que pensamos, es decir, nuestra verdad, la mayoría de amigos desaparecerían y muchas familias, excepto la tuya, decidirían no reunirse alrededor de una mesa repleta de buenos manjares el día de Navidad. En realidad, decimos muchas cosas que no pensamos ni sentimos, y nos callamos muchas otras por temor a lo que los demás puedan pensar de nosotros y que no nos acepten ni nos quieran. Educamos desde la hipocresía y desde nuestros miedos, apoyándonos siempre en la seguridad y la tranquilidad económica y personal.

Es evidente que algo no hemos hecho bien, y las relaciones desde la mentira, la falsedad y la hipocresía no suelen sostenerse. El primer requisito para construir relaciones desde la intimidad es la verdad. El vínculo de la intimidad desde la honestidad significa relacionarse abiertamente, sin miedos, sin esconder mi sombra, mis sentimientos, mis defectos y mis carencias. Porque para ser honestos con los demás, debemos ser primero honestos con nosotros mismos y aceptarnos y querernos tal y como somos. Por eso, para conocer a alguien y corroborar su honestidad, es más fiable observar sus actos que escuchar sus palabras. No escuches lo que los demás dicen de esa persona, sino lo que ella dice de los demás. Es mucho más revelador.

Aparte de construir relaciones desde la verdad, también deberíamos erigirlas desde la emoción y la alegría, expresando nuestros sentimientos desde el afecto, la ternura, los abrazos y los besos. Tendríamos que comunicar no tanto lo que hacemos o tenemos como lo que sentimos y nos identifica. Expresar nuestros miedos, anhelos, inquietudes, expectativas… sin avergonzarnos ni sentirnos pequeños; podemos ser vulnerables, pero en ningún caso somos débiles ni escasos. Nos avergüenza llorar o mostrar nuestras debilidades ante los demás, cuando expresar estos sentimientos es precisamente lo que nos conecta con el otro. Llorar y reír juntos, dejarnos ir como cuando éramos niños y la mente no juzgaba ni saboteaba nuestras actuaciones. Deberíamos liberar a los personajes que representamos en nuestra vida y a todo aquello que nos condiciona, y conectar con nuestro sentir, con nuestro centro y con nuestro poder personal para expandir la energía del corazón y el amor en los demás.

Y la presencia acaba siendo clave para relacionarnos desde la verdad y desde los sentimientos. Estar absolutamente presente significa estar al cien por cien, con todos mis sentidos en presente y, desde el amor y la ternura, escuchar al otro con autenticidad, dejándole que se exprese y empatizando con sus experiencias. De la misma manera, si deseamos que los demás se relacionen con nosotros desde la emoción y la honestidad, quizás deberíamos ser nosotros quienes tomásemos la iniciativa y nos mostráramos sinceros, honestos, amables, tiernos y afectivos sin esperar que el otro lo sea primero conmigo y sin pedir ningún tipo de compensación a cambio. Tal vez, llegados a este punto, estemos más cerca de lo que creemos de alcanzar el amor incondicional, el único que es capaz de devolvernos a la fuente de la cual provenimos.

Siempre he pensado que las relaciones personales, en general, y las de pareja, en particular, son el mejor trampolín para el crecimiento espiritual de cada uno de sus miembros. Por este motivo, les he otorgado en mi vida un papel relevante y, por la misma razón, han acabado convirtiéndose en las pruebas más duras que he tenido que superar.

Ahora, mirando en retrospectiva mi viaje, sé que cada relación ha significado un encuentro conmigo misma para hacerme más consciente, si cabe, de quién soy y cómo soy. Gracias a este encuentro he podido aceptar mis sombras, llenar mis carencias, reconocer mis miedos, conectar con mi vulnerabilidad, pulir mi carácter, mejorar mi autoestima y, sobre todo, escogerme y decidir convertirme en la persona de la cual yo me enamoraría, desde la verdad y la honestidad, desde la presencia y la ternura, desde la sinceridad y la emoción. Una propuesta personal de la que intento tomar conciencia todos y cada uno de mis días.

Propuesta de ejercicios

1. Ser honesto contigo y, por extensión, con los demás. Di «sí» y «no» cuando te apetezca, no te justifiques y olvídate de los compromisos.
2. Busca tiempo para hablar de temas que impliquen reflexiones personales, expresa tus sentimientos sin esperar ninguna conversación y, sobre todo, y lo más importante, no te acuestes sin haber compartido abrazos, besos, caricias y ternura.

12. Todos somos lo mismo y me relaciono desde el amor incondicional

La idea tan extendida de que el amor implica un esfuerzo se manifiesta precisamente porque la mayoría de relaciones acaban estableciéndose entre egos. Y ya sabemos que el ego es especialista en buscar faltas, condenar y esclavizar y, por supuesto, en querer dominar y ejercer el control de todo. Desde esta perspectiva de separación, las personas buscan relaciones que les hagan felices y parejas que cumplan sus expectativas. Y ésa es precisamente la raíz del problema: renuncian a ser felices por ellas mismas. Antes bien, prefieren poner en manos de la otra persona todas sus expectativas de felicidad y bienestar, sin darnos cuenta de que no necesitar es la única manera posible de amar porque nada ni nadie externo a ti puede hacerte feliz o infeliz. Porque si necesitas a los demás, los utilizarás y el amor se convertirá en una manipulación y en una explotación.

Y es que el amor egoico se basa en la premisa de que el amor se encuentra en el otro. Por eso, al no hallarlo en uno mismo, se necesita buscarlo en los demás, es decir, lo que no se encuentra dentro se busca fuera. De esta manera, el amor se convierte en una posesión susceptible de ser juzgada a todo momento. Y si juzgamos a los demás es porque todavía necesitamos cambiarlos para diseñarlos a nuestra manera y para moldearlos según nuestro interés. Porque el amor no juzga, ni critica, ni condena, ni ataca. El amor incondicional significa la aceptación total del otro. Y aquí no hay término medio: lo acepto o no; lo amo o no.

Desde esta perspectiva de amor egoico no nos damos cuenta de que aquello que llamamos amor es lo más alejado del amor incondicional que existe y que acabamos amando en función de cómo los otros nos amen. El juego siempre es el mismo: si tú me amas, yo te amo. Sin darnos cuenta de que el orden debería ser totalmente a la inversa: yo te amo con independencia de que tú lo hagas sin querer obtener nada a cambio. Pero como no sabemos hacerlo de otra manera, amamos pensando siempre qué podemos conseguir del otro e intentando compensar (por lo general a la baja) en función de lo que los demás nos den. Y así las relaciones acaban convirtiéndose en un intercambio de mercancías. Y es que aún no nos hemos dado cuenta de que el amor incondicional siempre siente que podría ofrecer más desde el momento en que no busca ser compensado.

Y no sólo hacemos del amor un intercambio, sino que además pensamos que nosotros somos especiales en la relación. Ya sé que esto puede que nos cueste encajarlo un poco más, pero ¿te has planteado que querer ser diferente y sentirse especial, incluso pensar que podemos ser mejor que nadie, es arrogante y genera separación por comparación? ¿Te has dado cuenta de que el dolor y el conflicto aparecen cuando has dejado de ser especial para el otro? Y es que es precisamente el deseo de ser especial lo que causa sufrimiento y celos en la relación. Por eso, creer que alguien en concreto te puede proporcionar un amor especial y los demás no, es el súmmun de la separación. En todo caso, nosotros escogemos a las personas que queremos que sean nuestros compañeros de viaje, pero no porque sean «especiales» o mejor que otros, o nuestra media naranja, sino porque es nuestra elección.

En este sentido, si nadie es especial y «todos somos lo mismo», deberían importarnos en la misma medida los que consideramos «nuestros» (cuanto más cercanos a nivel emocional, más «nuestros») que aquellos que no lo son. Esto no quiere decir que los que sean más próximos no sean importantes; justo ellos son tus espejos y oportunidades de crecimiento personal para hacerte consciente de quién eres en realidad. Pero en ningún caso somos especiales, aunque podamos tener una función especial en las relaciones. La finalidad, al fin y al cabo, consiste en entender que todos somos lo mismo y que el yo y el tú es la trampa que nos lleva a la locura.

Por tanto, relacionarme desde el amor incondicional significaría identificarme y alegrarme por los éxitos de los demás, ya que sus virtudes y cualidades son las mías y puedo expandirme en su potencialidad.

La raíz del problema está en que el deseo de ser especial es el gran sustituto del amor. Desde este punto de vista, el ego querrá defender su especialidad y lo hará siempre a costa del otro. Y ese rasgo especial del ego de pertenecer al grupo nos hará aguantar situaciones pensando que somos «buenos» y estamos ofreciendo amor, cuando en realidad sólo estamos aportando sacrificio, esfuerzo y dependencia. ¿Cuántas veces hemos aguantado según qué cosas que si no provinieran de la familia no hubiésemos soportado? ¿Cuántas veces nos hemos dejado «manipular» por alguien del clan para no sentirnos culpables?

Por todo ello, las relaciones acaban estableciéndose con celos, control, posesión, manipulación, juicio, chantaje emocional, culpa, ataque, necesidad, apego, dependencia, adicción, miedo, carencia, dolor… ¿Te suena todo esto?

Llegados a este punto, y desde esta perspectiva, es evidente que algo no funciona y que es necesario revisar el paradigma de cómo nos estamos relacionando y de qué manera amamos a aquellos que decimos amar. Quizás el quid de la cuestión resida en entender que las relaciones no se establecen para hacernos felices, sino para hacernos crecer y que seamos conscientes de quiénes somos realmente. Tal vez la única manera posible de amar sea convertirnos en amor para contemplar la belleza de cuanto existe. Porque el amor es un arte y como creación artística deberíamos indagar y tener la firme propuesta de mejorar y de aspirar a ser maestros en una vida dedicada al amor.

Pero el amor, como cualquier tipo de arte, requiere un aprendizaje; por eso debemos dedicarnos por completo a desarrollarlo y expandirlo en nosotros mismos como una aptitud y una manera de ver el mundo en la cual determinemos qué tipo de relación queremos tener con las personas que nos acompañan en nuestro viaje.

Ya hemos apuntado que el amor incondicional al que aspiramos sólo es posible desde la libertad y que tan sólo se puede alcanzar desde la abundancia, desde la absoluta convicción de no mendigar amor, sino de ofrecerlo sin ninguna condición y sin pensar en qué es lo que conseguiré a cambio. Tan sólo con que exista una condición, deja de ser amor incondicional. Por eso convertirnos en amor sin la necesidad de amar o ser amado pasaría por integrarlo como hemos hecho con el acto de respirar. Sólo así el amor se puede convertir en libertad precisamente porque amamos a aquellos a los que no necesitamos.

Desde el firme convencimiento de que las relaciones personales en general, y las de pareja en particular, son nuestra práctica espiritual más profunda, me propuse como primera prioridad en mi vida aprender a amar mejor.

Mi primer aprendizaje consistió en entender que las relaciones no se establecen para hacernos felices, sino para que seamos conscientes de quiénes somos en realidad. En este sentido, me di cuenta de que la única manera de «amar» era no necesitando a aquellos que tenemos a nuestro lado. Esto se convirtió en una propuesta de aprendizaje en la cual todavía soy aprendiz, pero que intento tomar conciencia cada día en mis relaciones.

Mi segundo gran aprendizaje fue tomar conciencia de que nadie es especial, y que precisamente el deseo de ser especial era lo que causaba sufrimiento y celos en la relación. En todo caso, escogemos a las personas que queremos que sean nuestros compañeros de viaje, pero no por-

que sean especiales o nuestra media naranja, sino porque
forman parte de nuestra elección. Entender esto me abrió a
nuevas posibilidades de relacionarme desde una visión mucho más respetuosa, libre y auténtica.

Propuesta de ejercicios

1. Si decides estar, hazlo al cien por cien. Y observa a los
   que te rodean como si fuera la primera vez que los ves y
   trátalos como si fuera la última vez que los vas a ver.
2. Proponte amar mejor. Indaga, lee, consulta, conversa,
   practica… Hazte la firme propuesta de que expandirás
   tu amor a todos los seres para vivir desde la ternura del
   alma. ¡Ama sin condiciones y ofrece sin esperar nada!

«Si me caí es porque estaba caminando.
Y caminar vale la pena aunque te caigas».

EDUARDO GALEANO

13. Los errores se corrigen; la culpa no existe

Pensar más allá de lo que sentimos o de manera distinta a la habitual nos suele resultar demasiado incómodo. Por eso, las emociones de supervivencia nos condicionan a ser más como la materia y menos como la energía; más como el ego y menos como seres espirituales. Y anclados en estas emociones cometemos errores y luego nos sentimos culpables.

Desde luego que cometemos errores. Y está bien que así sea porque los errores de mi pasado constituyen la sabiduría de mi presente. De hecho, cuantos más errores cometamos a lo largo de nuestra vida, mucho mejor, ya que la estaremos dotando de más aprendizaje. Al fin y al cabo los errores, o, mejor dicho, los resultados no deseados que etiquetamos como algo erróneo, como un obstáculo en mi camino o una tara, son tus grandes aliados y bendiciones en tu proceso de aprendizaje hacia el ser espiritual que ya eres. Es decir, todos los errores que cometemos, absolutamente todos, son nuestro aprendizaje y nuestras lecciones de vida, cuya única misión es que seamos conscientes de quiénes somos en realidad. Equivocarnos forma parte de nuestro crecimiento y libertad personal; es otra manera de volver a casa. Pero no cometamos el mismo error una y otra vez porque entonces ya no sería aprendizaje, sino estupidez.

De hecho, el mayor error que podemos cometer es creer que cometemos errores, ya que éstos, como tales, sólo son bendiciones para que evolucionemos y dejemos atrás todas las estrategias del ego para que permanezcamos en el miedo, la culpa y el juicio, esas creencias limitantes programadas en nuestro subconsciente que arrastramos desde nuestros ancestros. ¿No es nuestra tradición judeo-cristiana quien se inventa la culpa y el pecado original para mantenernos controlados, temerosos y paralizados en nuestro miedo como pecadores? Pero, evidentemente, ni los pecados ni la culpa existen. Todo es una gran arma de nuestro ego controlador, miedoso y limitante, la misma que nos han hecho creer esas creencias arraigadas durante muchos siglos.

Cuando entiendas que los pecados y la culpa no existen y que todos los errores pueden ser corregidos, te habrás liberado de esa pesada carga que no te permite avanzar hacia tu esencia.

A lo largo de nuestra vida, todos hacemos lo que podemos y de la manera que mejor sabemos. Todo lo que hicimos en el pasado se adecua al nivel de consciencia que teníamos en aquel entonces. No pudimos hacer otra cosa porque, de lo contrario, la hubiéramos hecho. Si en estos momentos puedes verlo de forma distinta, celebra tu toma de consciencia y no le des el gusto al ego de controlarte con su arma más poderosa: la culpa, ya que la culpabilidad es la emoción más castrante y limitante que podemos tener; es la que nos paraliza y nos mantiene anclados en el miedo. Y ésta es una de las emociones de supervivencia que, si no somos capaces de resolver y deshacer, acabará convirtiéndose en una enfermedad con el único objetivo de ser una señal de alarma para que resolvamos de una vez por todas esa culpa que arrastramos y que ya se ha convertido en nuestra segunda piel.

Seguramente, admitir quiénes somos en realidad y los errores que hemos cometido es una de las cosas que más nos cuesta hacer. Admitir nuestros fallos nos produce sentimientos de vergüenza, rabia y culpabilidad. Pero si nos permitimos ser vulnerables admitiendo nuestros errores y fracasos, podremos entrar en contacto con la conciencia universal que nos ha dado la vida, y entonces ya no existirán ni la culpa, ni el castigo, ni la acusación… ni la separación. Sólo existirán la conciencia de la intención y la energía del amor incondicional.

Pero volvamos a los espejos. ¿Recuerdas? Sustituye a un tema que ya se ha tratado. La culpa que ves en el otro es tu propia culpa que debes sanar. Cuando acusas al otro y le otorgas el veredicto de culpable, te estás quedando atrapado en tu propia culpa. ¿De qué te estás culpabilizando para que te moleste tanto la culpa de tu espejo? Libérate de la culpa, recuerda que puede ser corregida y que en esencia no existe. Y, en caso de duda, envíasela al Universo y él ya se encargará de deshacerla. Por fin estarás libre de culpa. Alcanzarás la madurez cuando ya no tengas necesidad de juzgar ni culpar a nada ni a nadie de lo que te suceda.

Es cierto, hemos cometido errores, pero ya no existen; han sido corregidos y expiados por nuestro gerente cósmico.

Tuve que deshacer el sentimiento de culpabilidad para dejar de ser condescendiente y complaciente con los demás. Así aprendí a decir NO y SÍ sin efectos secundarios y a actuar siguiendo los dictados de mi corazón. Yo también he hecho todo lo que he podido y he sabido.

Eso sí, soy un experto en cometer errores. No hace falta concretar ninguno porque he cometido muchos y de distinta magnitud. Antaño los justificaba y los defendía a capa y espada, pero hoy no sólo no me defiendo ni me arrepiento de nada, sino que también doy gracias por haber sido valiente y haber vivido todas esas experiencias para conocerme mejor, aprender y mejorar.

Propuesta de ejercicio

1. ¡Equivócate! Sé valiente; arriesga y toma decisiones. El miedo a fracasar es mucho peor que intentarlo y equivocarte, ya que el error te permite avanzar y aprender. Eso sí, no cometas el mismo error una y otra vez.
2. Deshazte de todos tus sentimientos de culpabilidad. No eres culpable de nada porque tú también actúas y actuaste de la mejor manera que pudiste y supiste.

«Yo no hablo de venganzas ni perdones,
el olvido es la única venganza y el único perdón».

JORGE LUIS BORGES

14. Me perdono aunque no hay nada que perdonar

Cuando utilizamos la palabra «perdón», la mayoría de las veces creemos que el significado que de vocablo no tiene nada que ver conmigo, sino con los otros. Pensamos que son los demás quienes deben ser perdonados por las ofensas que nos puedan haber causado. De esta manera, la culpa siempre recae en los otros, nunca en mí. Y una vez más vuelvo a cargar lo que es mi responsabilidad sobre las otras personas. Evidentemente es mucho más cómodo identificar en los demás todo aquello que no nos gusta de nosotros. Por eso nos resulta tan fácil juzgar y culpabilizar al prójimo.

Y volvemos a repetir la misma historia sin darnos cuenta de que otra vez estamos atribuyendo a los demás nuestras propias imperfecciones y carencias mediante la estrategia de la proyección de la culpa inconsciente. Y no sólo eso, sino que además nos enfadamos al vernos reflejados en ellos porque de manera inconsciente nos recuerdan una tarea todavía por resolver en nuestra persona.

Cuando entiendas que no son los otros los que necesitan ser perdonados, sino que eres tú mismo a quien debes perdonar, estarás preparado para liberar a tu prójimo de la necesidad de perdonarlo. ¿Te has preguntado alguna vez qué es lo que necesitas perdonarte para poder perdonarlo en los otros? Ellos sólo te están mostrando tu propio rencor, tu juicio sobre lo que debe ser perdonado y tu propio miedo, que es el que te hace atacar y ver culpables.

Cuando te perdonas, te estás liberando de la necesidad de juzgarte, porque el perdón no ve el error ni tiene la necesidad de evaluar ni de exigir pruebas de inocencia. El perdón lo único que hace es reconocer que lo que otros me pudieron hacer, en realidad, no era verdad, ya que todo lo que me sucede me lo causo yo mismo. Ya sé que cuesta admitir esto, pero cuanto antes dejes de resistirte y lo aceptes, antes estarás en paz contigo mismo. Todo lo que sucede en nuestras vidas, absolutamente todo, lo hemos elegido nosotros bajo nuestra responsabilidad. Incluido lo que crees que tú no has elegido y que se debe a un tercero, al destino o a tu mala suerte. Nunca es por culpa de nadie, ni nadie es responsable de lo que a mí me sucede. Todo lo que ocurre en mi vida responde a una petición consciente o inconsciente. Así que te aconsejo que conectes con lo más profundo de tu alma y revises tus peticiones, quién eres y qué quieres hacer con tu vida. El alma que conecta con el corazón nunca se equivoca.

Por tanto, para liberarme de la pesada carga del rencor y el resentimiento sólo tengo que perdonarME. Cuando me perdono, de manera inevitable desaparece mi percepción de que alguien que no sea yo puede hacerme daño, porque dejo de tener presente el comportamiento de los demás. Ya no cuenta lo que en un pasado los otros me hicieron, sino cómo integro lo que juzgué como una ofensa. Al perdonarme dejo de estar a la defensiva y, por tanto, desaparece la necesidad de atacar y culpabilizar. La culpa, al fin y al cabo, no es más que el miedo al pasado y es justo el perdón quien te devuelve al presente y disuelve el miedo.

Cuando perdonamos ya no podemos permanecer en el pasado porque nos obliga a tomar la inteligente decisión de dejar atrás todo aquello que creíamos que nos podía ofender. Y, por fin, dejamos de creer que otra persona o hecho tiene el poder de hacernos daño. Nada ni nadie fuera de ti puede dañarte o hacerte feliz. Sólo tú tienes ese poder.

Quien se perdona es capaz de liberarse del pasado y pasar página sin tener en cuenta las faltas y las ofensas. Esto no quiere decir que no las veas, sino que significa que tomas la sabia decisión de no tenerlas presentes. Éste es el verdadero perdón.

Perdonar es tener un mundo sin resentimientos y, por tanto, sin sufrimiento, donde la ira y el odio dejan de tener sentido y la locura desaparece. ¿Has caído en la cuenta de que si odias a alguien, estás odiando alguna cosa en él que forma parte de ti? Es evidente que si no formara parte de ti no te produciría este sentimiento de odio. Así que examina tus odios y perdónatelos.

El perdón es el mayor antídoto contra el miedo y todas sus limitaciones y, por extensión, el trayecto hacia la paz, donde todo el mundo gana. Asimismo, perdonar es el camino para llegar a la convicción de que, de hecho, no hay nada que perdonar porque nos hemos liberado de la necesidad de reparar cualquier ofensa o cosa que haya que perdonar. De esta manera, habremos aprendido la lección del perdón cuando aceptemos que los errores son invenciones del ego y que, en todo caso, a quien tengo que perdonar es a mí mismo.

> Perdóname por pensar así, por no estar en paz conmigo mismo, por estar desconectado y por sentirme separado de la fuente.
>
> Perdóname por ser un egoísta, por juzgarte, por querer cambiarte, por las medias verdades, por defenderme y atacarte, por mirar por la ventana, por excusarme en la impermanencia, por ofenderte con palabras y herirte con mis gestos y mis actos, por intentar manipularte y controlarte, y, sobre todo, por no querer siempre lo mejor para ti.
>
> Avísame, por favor, que ya sabes cuándo empiezo, porque todavía soy un aprendiz en el arte de amarte.
>
> Desde la absoluta convicción de mejorar, yo me perdono.

Propuesta de ejercicio

1. Perdónate desde la convicción de que todo lo que has creído que te han hecho te lo has hecho tú desde una petición consciente o inconsciente. Y, por supuesto, a partir de hoy examina cómo te ofreces y cómo quieres relacionarte con los demás.

> «La imagen de víctimas que algunas personas tienen de sí mismas es tan fuerte que se convierte en el núcleo central de su ego. El resentimiento y los agravios forman parte esencial de su sentido del yo».
>
> ECKHART TOLLE

15. Libre de resentimientos sano las relaciones

Si partimos de la base de que todos actuamos de la mejor manera posible según el nivel de conciencia que tenemos en ese momento, el resentimiento no tiene ningún sentido. De hecho, enojarse con alguien es una estupidez y si, además, me guardo el enfado y lo convierto en rencor todavía es más estúpido. Todo resulta mucho más sencillo y liberador cuando tomamos conciencia de que nadie nos ataca por el hecho de ser nosotros. Nos sentimos amenazados a nivel personal, pero en realidad nadie nos ataca directamente. Nos hacen o hacemos daño por incapacidad o ignorancia, no por maldad.

De hecho, si partimos del punto de vista inicial de que todo el mundo lo hace lo mejor que puede y sabe, lo que nosotros sentimos como ataque no es más que una manera de defensa encubierta. Detrás de esas aparentes provocaciones, la mayoría de veces se oculta una petición de ayuda que para nosotros resulta difícil captar y comprender. Pero al final siempre acaba siendo un problema de nuestro ego. El ego es el que elabora los razonamientos más increíbles y escoge el resentimiento que proviene del miedo como combustible para alimentarse. Y todo lo que ponga en peligro su supervivencia será una causa para la defensa o el ataque. Y aquí tenemos el inicio de cualquier conflicto en las relaciones.

¿De verdad quieres continuar pensando que alguien te ha hecho daño a propósito? ¿Hasta cuándo quieres seguir resentido por algo que sucedió en el pasado? ¿Cuántas familias están enemistadas durante años por un sentimiento de rencor que no han sido capaces de sanar? Que si tú me hiciste tal ofensa, o tú me dijiste o dejaste de hacer tal otra cosa… siempre el tú por delante responsabilizando a los demás de nuestras carencias y viendo las faltas ajenas, precisamente aquellas que no somos capaces de reconocer en nosotros. La mayoría de las veces, cuando la actitud de una persona no nos gusta, sólo vemos su dureza, su rigidez y su intransigencia, y con este tipo de valoraciones, por muy razonables que nos puedan parecer, sólo experimentaremos frustración y resentimiento. Dejemos a los otros tranquilos, dejemos de culparlos y responsabilicémonos de la parte que nos toca, pero no del 50 por 100 (presuponiendo que el otro 50 por 100 sea cosa del otro), sino de nuestro cien por cien.

Cuántas veces discutimos con ese pasado, en el cual se encuentra el resentimiento, y al que nos resistimos a aceptar, y revivimos en nuestra mente, una y otra vez, esa ofensa, cada vez más enquistada, cada vez más resentida, como si reviviéndola pudiéramos cambiarla. Hasta cuándo vamos a seguir resentidos; hasta que el rencor se convierta en odio y éste se manifieste en enfermedad para que de una vez por todas nos demos cuenta de que necesita ser sanado.

Y es que a veces nos tratamos como verdaderos masoquistas porque si nos preguntamos en realidad quién tiene el problema, si la persona resentida o aquella otra que nos ha ofendido, y por tanto, creemos que es la causante de nuestro rencor, evidentemente la respuesta siempre se encuentra en el que se queda con el resentimiento. Y, además, acostumbramos a creer que cuanto más rencor guardamos, más estamos importunando a nuestro ofensor. Casi con seguridad que él no tiene ni idea de nuestro sentimiento de rencor, y aunque así fuese, la sanación reside en nosotros, no en él. Sólo si me libero del rencor podré sanar la relación.

Aun así continuamos resentidos y construimos nuestra vida desde esa emoción. Y como nos cargamos de tanto rencor y situaciones no resueltas, no podemos seguir con nuestro proceso vital sin conflictos relacionales y sin sufrir. Y es que todo proviene de nuestra adicción emocional a culpabilizar al otro y, acto seguido, hacernos las víctimas. Es entonces cuando empuñamos nuestra arma más efectiva: la manipulación y el chantaje emocional. ¿Lo reconoces? Como me has ofendido, yo me enfado contigo, me lo guardo, lo transformo en rencor, que utilizo en tu contra, para así, conseguir que te sientas culpable. De este modo el chantaje emocional está servido.

¿Cómo es posible que los actos y/o palabras de otra persona nos puedan hacer daño? El hecho es que no nos damos cuenta de que es nuestro pensamiento acerca de sus actos lo que nos daña y hace sufrir. Por tanto, cambiemos nuestros pensamientos y desaparecerá el dolor. Modifiquemos nuestros sentimientos de odio y venganza por otros de amor y compasión, y el rencor se alejará.

Eliminar el resentimiento para sanar las relaciones no significa en todos los casos que debamos continuar relacionándonos de manera obligatoria con las personas a las cuales hemos liberado de nuestro rencor (incluso aunque sean familiares cercanos). Lo importante es eliminar el resentimiento, perdonarse y salvar la relación, con independencia de que el otro la haya sanado. En el momento en que nos perdonamos se nos abren un sinfín de posibilidades para poder amar desde la entrega y la libertad, porque el rencor ya no me esclaviza y encadena. Libre de resentimientos sano todas las relaciones.

En varias ocasiones he sido testigo del dolor y el sufrimiento de personas con enfermedades terminales a las que les quedaba poco tiempo de vida. Y he advertido de que, en la mayoría de los casos, este dolor provenía precisamente del hecho de no tener todas las relaciones sanadas y cargar con la pesada mochila de rencores y odios todavía no resueltos.

Por ello, con el firme propósito de morir libre de resentimientos, decidí eliminarlos de manera consciente.

Mi gran sorpresa fue que, aparte de sentirme más liviana, empecé a experimentar la vida de manera diferente: al no existir rencor, todo el espacio liberado era ocupado por una sensación de bienestar y paz abrumadora, lo que fue clave para vivir experiencias más amorosas y armoniosas. A partir de ese momento, y conociendo que cada uno se relaciona de la mejor manera posible, los conflictos desaparecieron y, como consecuencia, empecé a establecer relaciones de una frecuencia vibracional mucho más elevada.

La conclusión es clara: es imposible ser feliz lleno de odio y resentimiento.

Propuesta de ejercicios

1. Haz una lista de todas las personas con quien estés resentido y el motivo o motivos que generó el resentimiento. Incluye a personas que ya hayan fallecido, si es necesario.

   Desde la realidad de que todo el mundo hace todo lo que puede según la información y las herramientas de que dispone en cada momento, libérate de todos los resentimientos tachando la lista a medida que los vayas sanando.

2. Pon música suave y repite una y otra vez el siguiente mantra: «Me libero de todos mis resentimientos y odios para crear una vida llena de amor».

«Nunca te sacrifiques por nadie. Vive tu vida auténticamente y así nunca tendrás la necesidad de desquitarte ni sentirás rencor alguno contra nadie. Y una persona que no siente rencor contra nadie es una persona amorosa, compasiva, cordial, dadivosa».

OSHO

16. La absurdidad del sacrificio

Una de las creencias más arraigadas en nuestra mente y que se nos han ido transmitiendo de generación en generación es que sacrificarnos por alguien es el súmmum del amor. Nuestra mente nos dice «cuanto más te sacrificas por él, más le amas». Y eso es lo que hacemos: nos sacrificamos como muestra de nuestro inconmensurable amor.

Esta idea está tan arraigada en nuestra cultura que parece que sin este concepto no es posible relacionarnos desde el amor. La tenemos tan interiorizada que ni nos planteamos que pueda ser de otra manera. Lo cierto es que la confusión es tan enorme que no concebimos el hecho de amar sin sacrificarnos y de entender que el sacrificio no aporta nada. Todo lo contrario, el sacrificio lo único que hace es anular el amor.

Y lo anula porque el sacrificio es el acto más egoísta que existe, un acto, por cierto, estratégicamente disfrazado de amor por el ego, pues es el regalo perfecto con el que «bendice» toda relación. El sacrificio es egoísta porque nos hace creer que actuamos por el bien de los demás, cuando en realidad lo hacemos por nosotros mismos. Cuando nos sacrificamos, lo hacemos siempre para conseguir algo a cambio y para obtener alguna recompensa de la persona por la que nos estamos sacrificando. Recuerdas esta frase: «Con lo que yo me he sacrificado por ti y así me lo pagas». O esta otra: «Yo me sacrifico y los demás son unos ingratos». ¡Cuánto de reproche hay en estas palabras! A estas alturas ya sabrás que donde hay reproche no puede haber amor, y que amar no es un intercambio ni un juego de condiciones.

Creemos amar a los demás a base de sacrificio, aunque en el fondo lo que esperamos es que ellos nos amen a nosotros. Es un reclamo de amor en toda regla. Y entonces buscamos reconocimiento porque nos sentimos infravalorados. Empequeñecemos y tomamos el tortuoso camino del sacrificio porque, en realidad, tenemos mucho miedo: de que no nos amen, de que nos abandonen, de que no nos tengan en cuenta, de que no nos acepten... y de tantas otras cosas que nos reafirman que necesitamos a los otros para valorarnos. Como no nos queremos a nosotros mismos, somos capaces de hacer cualquier cosa por «amor», sacrificarnos por «amor». Si hay sacrificio, alguien tiene que perder para que el otro gane. Y la única cuestión importante es la siguiente: ¿a qué precio y a cambio de qué? Por ese motivo, las personas que más se sacrifican son las más egoístas, porque sólo piensan en obtener aquello de lo cual carecen, y son también las que más miedo tienen, por eso el sacrificio se acabará convirtiendo en ataque.

Cuando observamos que alguien se sacrifica por los demás, esto no deja de ser una muestra de nuestra propia percepción en relación a cómo nos amamos. Lo consideramos un sacrificio porque así lo viviríamos si lo tuviéramos que realizar nosotros. Lo cierto es que cuando hacemos algo con un sentimiento de verdadero amor incondicional, no nos pesa, ni nos cuesta, ni nos supone una carga por mucho esfuerzo que pueda implicar. Surge directamente de nuestro corazón. Por eso, cuando entiendas el significado de amor incondicional, no podrás más que reírte de la idea de sacrificio. Porque el amor supone ausencia de sacrificio y, por tanto, de miedo.

La idea de poder «ganarnos el cielo» sin tener que realizar ningún tipo de sacrificio nos resulta tan increíble que nos deja totalmente desarmados ante la idea de que el amor sólo se valora si te sacrificas por los demás. Creemos que los otros nos exigen que nos sacrifiquemos, cuando en realidad somos nosotros quienes nos lo autoexigimos y, por extensión, se lo exigimos a todas aquellas personas que son más cercanas a nosotros.

En este sentido, es posible que nos cuestionemos si estamos actuando por amor a los demás o nos estamos sacrificando en nombre del amor. Sólo con que surja la duda de si te estás sacrificando, demuestra que estás cometiendo el error de alejarte del amor. Corrígelo, escucha a tu corazón y no te sacrifiques porque lo único que estarás haciendo es alimentar la culpa y el miedo del ego disfrazado de amor. Y recuerda que donde no hay sacrificio está el amor y que el miedo es ausencia de amor en forma de sacrificio.

Nunca había pensado que la línea que unía o separaba el sacrificio del amor incondicional podía ser tan débil y, a veces, casi transparente. Mi barómetro para medirla me la proporcionaron mis hijos, ya que, seguramente el amor que más se parece al incondicional es el materno-filial. Por esa razón, me propuse «medir» mi amor hacia ellos y «conectarme» para valorar si estaba actuando desde el sacrificio o desde el amor. Y descubrí que, en más de una ocasión, lo que yo creía que era amor no era más que sacrificio, obligación de una madre, lo que se espera de ella; dedicación incondicional, abnegada y absoluta. En otras ocasiones, sin embargo, comprobé, sorprendida, que el sacrificio desaparecía porque la motivación a la hora de amar era distinta: ya no era necesario demostrar nada, ni nadie esperaba nada de mí y la obligación impuesta por otros desaparecía. Sólo así el amor, casi incondicional, podía hacer acto de presencia.

A partir de ese momento, me propuse que nunca más me sacrificaría por nadie, entendiendo que el sacrificio significaba el egoísmo más profundo, y que amaría sin pedir nada a cambio. Y cuando no estuviera segura de si me estaba sacrificando o no, corregiría el error de alejarme del amor y conectaría con mi corazón para hacerle caso.

Propuesta de ejercicios

1. Examina lo que considerabas que ganabas y conseguías cada vez que te sacrificabas por alguien. Si lo deseas, pue-

des ampliar el ejercicio pensando en las motivaciones de las personas que dicen que se han sacrificado por ti.

2. Ante cualquier situación, pregúntate si tu actuación está promovida por el sacrificio o por el amor. Recuerda que ambos conceptos son antagónicos. ¡Ama y no te sacrifiques!

«De todas las emociones aprendidas, la que más nos puede amargar la vida es el miedo injustificado».

JOAQUIM VALLS

17. El amor es ausencia de miedo

Ya sabemos que el amor se encuentra donde no hay sacrificio. Y la única manera de relacionarse con los demás desde el amor es no teniendo miedo. Parece sencillo, ¿verdad? Pues aquí reside tu gran trabajo, y el reto que comporta, seguramente, el mayor desafío que podamos abordar.

Y ¿por qué? Porque el miedo es una de las grandes emociones que se transmiten de generación en generación y que acaba enraizando de una manera tan profunda en nuestro subconsciente que atajarlas de cuajo acaba por convertirse en nuestro crecimiento espiritual más espectacular.

El único miedo biológico que existe, y como tal necesario e imprescindible, es el miedo a sobrevivir. De hecho, los animales huyen cuando intuyen un peligro, pero cuando no se sienten amenazados, la emoción de miedo desaparece porque no son capaces de volver a experimentar un peligro que ya ha pasado. Nuestra mente, en cambio, siempre está temerosa y a la defensiva al «memorizar» experiencias pasadas dominadas por el miedo. Es por esta razón que aquellos que tienen el poder se aprovechan de esta situación, porque saben que cuando el ser humano está poseído por el miedo, está listo para someterse y hacer o creerse cualquier estupidez.

Más allá de este miedo, el resto de temores son infundados y nos los creamos nosotros mismos, la mayoría de las veces en forma de programas mentales de nuestros antepasados. De hecho, estadísticamente está comprobado que el 90 por 100 de nuestros miedos nunca se hará realidad. ¡Cuánta energía malgastada en ese estado emocional!

Si te detienes a pensar, comprobarás que todo lo que vale la pena se halla tras el miedo y muy lejos de tu zona de confort, aquella donde te sientes cómodo, porque crees que controlas y diriges tu vida. Pero nada más lejos de la realidad: lo único seguro es que la seguridad no existe. Cuando dejemos de «controlar» por miedo a perder algo que creemos que «poseemos» podremos convertirnos en amor y ganar la batalla al miedo.

La mayoría de las veces no somos conscientes de que estamos decidiendo, actuando y viviendo dominados por la emoción del miedo. Si no hacemos, decimos o somos lo que queremos ser es precisamente por miedo: a la soledad, a no ser merecedores de amor, a no ser aceptados, etcétera. Y si no vamos tras nuestros sueños es por temor, por falta de coraje y valentía. Si nos quedamos atrapados en el miedo, nos privamos de crecer y de evolucionar. Y el temor nos aplaza la felicidad a un futuro que nunca llega, porque ésta sólo es posible en el presente libre de temores. De hecho, como muy bien expresa Albert Camus, «la felicidad consiste en una lucha implacable contra el miedo».

Así, sólo existen dos maneras, dos percepciones, de ver el mundo: desde el amor o desde el miedo. O estás en uno o estás en el otro. En los temas del corazón no existe un término medio. Puede que tu mente te haga creer que puedes estar en el amor y el miedo a la vez, pero ésta es sólo una creencia de la percepción dual del ego. La buena noticia es que siempre podemos escoger dónde queremos estar: en el amor o en el miedo.

Ya me imagino tu respuesta. ¿Quién querría estar en el miedo si es posible «ver» desde el amor? Pero ¿cómo conseguir mantenerte en el amor? El primer requisito es «corregir» tu percepción de la realidad y llevarla del paradigma del miedo al del amor escogiendo esa opción. El segundo es entender los trucos de la mente dual. Ya sabemos que la mente no es capaz de entender el mundo de manera multidimensional; por eso lo simplifica todo a la dualidad. Pero si cambiamos la percepción dual y de separación por una percepción de unidad, habremos ganado la batalla al ego, que es el único que vive en el miedo y el sufrimiento. Si todos somos lo mismo y el todo es la parte, y la parte es el todo, ¿cómo vamos a sentirnos separados de la fuente, que no es otra cosa que amor, el mismo que conforma nuestro ADN?

Recuerda que lo único del todo necesario e imprescindible para que empieces el aprendizaje de «percibir» desde el amor es tu propio compromiso de escoger «ver» desde el paradigma del amor. Tu verdadero yo, tu esencia, es amor, aceptación y perdón. El amor ya está en ti. Sólo es necesario despertar y «ser» desde la propia esencia. Donde hay amor no puede haber temor, porque el miedo es la ausencia de amor.

La única diferencia ha sido no tener miedo.

O quizás tener un miedo diferente, porque para mí es evidente que si me quedo en el miedo y no hago caso al corazón, me alejo de la felicidad y me aproximo a la enfermedad. Si me instalo en el miedo, no puedo enfocarme en aspirar a una vida maravillosa y plena.

Reconozco que integrar la muerte como culminación de la vida fue un excelente punto de partida. Si mi cuerpo puede morir en cualquier momento, ¿cómo puedo hacer cosas que no quiero y no hacer las que deseo? ¿Cómo puedo hacer cosas sin importancia y perder el tiempo en estupideces y no dedicarme ahora al amor y a la ternura?

Como dice una canción de Lluís Llach que me emociona y me ha acompañado toda la vida:

I se'n recorda del seny, el mentider
com el seny que li va fer aquest infern
quan a cada desig li deia «demà tindràs temps encara».

I fa memòria del pler que va frenar,
cada albada de goig que es va negar,
cada estona perduda que ara li fa escarni del cos llaurat
pels anys.

Y se acuerda del seny*, *el embustero*
como el seny le preparó este infierno,
cuando a cada deseo le oponía: «¡mañana tendrás
tiempo todavía».

* *seny:* «juicio».

> *Y hacen memoria del placer que se frenó,*
> *de cada alba de gozo que se negó,*
> *de cada hora perdida que ahora escarnece su cuerpo*
> *labrado.*
>
> Yo no quería envejecer con la sensación de que por culpa del miedo no había vivido. Prefiero una vida ancha y una fiesta cada día. Gracias, Lluís.

Propuesta de ejercicios

1. Acepta tus miedos y siéntelos tranquilamente. Toma una hoja de papel y anota todos tus temores. Ahora siéntate o acuéstate cómodamente con la espalda recta y los ojos cerrados...

   Visualiza tus miedos en el interior de tu cerebro y sácalos para situarlos delante de ti. Esos miedos no son tuyos y tan sólo con mirarlos pueden desaparecer.

   Abre los ojos y quema la hoja en la que anotaste todos tus miedos.

2. Sólo hay dos caminos; en nuestro mundo sólo hay dos energías: la del miedo y la del amor. O vivimos en una o en la otra. Por tanto, toma todas tus decisiones desde el amor.

«Si me opero para sacarme el cáncer y no limpio el proceso mental que lo creó, entonces el médico seguirá cortando pedacitos de Louise hasta que no haya más Louise para cortar».

LOUISE HAY

18. La curación de las emociones

Ya sabemos que donde hay amor no puede haber temor, por eso el amor acaba siendo el único y auténtico motor de curación. A menudo, sin llegar a ser plenamente conscientes, actuamos en contra de nuestros propios valores, es decir, hacemos una cosa y pensamos otra muy diferente. Cuando existe un desequilibrio entre lo que pienso, lo que siento y lo que hago se produce una incoherencia emocional. Y ésta genera una pérdida de energía tan elevada que, de manera inevitable, me expondrá a la enfermedad.

Es por ello que este conflicto/incoherencia pendiente, que la mayoría de veces se halla escondido en nuestra propia sombra, se debe solucionar si no queremos que se transforme en una enfermedad. Por eso, la curación siempre acaba siendo emocional.

Resulta paradójico que, en Occidente, donde racionalizamos absolutamente todo buscando una explicación lógica y científica, la idea siga siendo que las enfermedades nos «tocan» por azar, destino o mala suerte. La ciencia ya ha demostrado lo que todas las civilizaciones antiguas tenían claro: que cualquier síntoma nos remite a una causa emocional y que la enfermedad es una solución biológica a una situación de emergencia espiritual. Partiendo de esta premisa, podríamos concluir que las enfermedades ni las heredamos, ni se transmiten genéticamente. Lo único que hace la enfermedad es reproducir los mismos programas y la misma información de nuestro árbol genealógico, repitiendo idénticas condiciones y acciones que nos exponen a la misma patología de generaciones anteriores.

De hecho, la enfermedad es un esfuerzo que realiza la naturaleza para avisarnos y demostrarnos que no estamos haciendo caso a nuestro corazón y que vivimos desconectados y en absoluta incoherencia. En un sentido más estricto, podríamos afirmar que cualquier pensamiento libera su propia química en el organismo, y que, por tanto, este pensamiento crea también una emoción «química/vibracional». Cuando este pensamiento químico se vive como un trauma emocional y queda atrapado en el tiempo, se enquista de tal manera en el cuerpo físico que se acaba desarrollando en forma de enfermedad. Es por ello que estos traumas emocionales, vividos como sucesos dolorosos, necesitan ser reconocidos, liberados y resueltos. Cuando enfermamos, el organismo lo que está haciendo es avisándonos de un desequilibrio emocional.

Y este desequilibrio no hace más que mostrarnos señales de que no estoy escuchando los dictados de mi corazón. Y entonces, cuando enfermo, mi cuerpo me está indicando que estoy viviendo en el miedo, en la culpa, en el ataque y en el sufrimiento. Porque la enfermedad es un vacío existencial, es no sentirme valioso, es autosabotaje, es, en definitiva, una súplica desesperada de amor. El organismo, en ningún caso, es el causante de la enfermedad, ya que su propósito y condición no es el de enfermar. Por eso, todas las patologías tienen su origen en la mente y no en el cuerpo.

Así, la función última de la enfermedad sería la curación de las emociones. Antes bien, para que la curación se lleve a cabo es necesario entender, reconocer e integrar el sentido mismo de la enfermedad, es decir, liberar la emoción enquistada que tanto nos duele. De hecho, la enfermedad por excelencia del siglo XXI, el cáncer, procede de una infravaloración profunda de nuestro corazón causada por una represión absoluta de nuestras emociones. Por tal motivo, podemos pensar que no existen niveles de gravedad de enfermedades, sino disfunciones emocionales más o menos enquistadas. El proceso de curación, en cualquier caso, reside en recuperar nuestra coherencia de valores: alinear lo que pensamos y sentimos, cómo actuamos.

Cada vez que hacemos caso a nuestro corazón estamos apostando por nuestra salud, porque el auténtico motor de la curación es el amor. Somos nosotros los que, en última instancia, decidimos curarnos cuando escogemos vivir desde la unidad y no desde la separación, cuando dejamos de fabricar emociones negativas y preferimos reparar cualquier trauma emocional del pasado perdonándonos sin reservas. Cuando aceptamos que la vida no nos debe nada y que nosotros somos responsables y auténticos diseñadores de nuestra vida: la que escogemos, la que decidimos vivir y la que creamos. Todo el mundo puede sanarse a sí mismo si decidimos ser lo que queremos ser.

He tenido la inmensa suerte de, gracias a mi profesión, poder conversar largo y tendido con infinidad de «maestros/as» que me han enseñado grandes lecciones de vida. Una de ellas, la de la autocuración, me la transmitió en primera persona una exenferma de cáncer. Ella me explicó con todo tipo de detalles cómo, tras diagnosticarle un cáncer linfático con menos de un 50 por 100 de posibilidades de curación, decidió tomar las riendas de su salud y participar activamente en el proceso de su curación sin ser tratada con quimioterapia ni radioterapia. Creía en gran medida que si utilizamos al máximo nuestras capacidades mentales podemos sanarnos a nosotros mismos. Y ella lo hizo. Empezó buscando la raíz del problema que le había producido el cáncer y se dio cuenta de que la causa se encontraba en un sentimiento de culpa muy profundo que había ido arrastrando durante años. A partir de ese momento supo que ya le había ganado la batalla al cáncer en un 50 por 100. El otro 50 por 100 consistió en dedicar una hora y media tres veces al día a meditar y visualizar su curación a través de la relajación profunda. Cuando estaba en ese nivel, programaba su mente para que se produjera la sanación a través de afirmaciones.

También trabajó a fondo la aceptación del cáncer, la autoestima y el miedo a morir para aliarse con él. Jamás dudó de que todo lo que estaba haciendo la estaba curando.

Los médicos que la trataron aún siguen clasificando su caso como remisión espontánea de la enfermedad. Ella sabe a ciencia cierta que se autosanó. Lo primero que hizo fue agradecer a la vida el hecho de haberle enviado el «maestro del cáncer». Más adelante, tras su vivencia de autosanación, decidió crear una asociación para ayudar a otras personas a superar el cáncer. Gracias Fanny.

Propuesta de ejercicios

1. Cada vez que puedas, pasea tranquilamente por la naturaleza durante un mínimo de media hora. Fíjate en todos los detalles de la vida y siente tu conexión con ella.
2. Sitúate delante de un espejo y mírate.

Alimenta tu mente con pensamientos, emociones y creencias positivas mientras vas repasando tu cuerpo de la cabeza a los pies, fortaleciendo tu sistema inmunológico y agradeciendo a todas tus células que cumplan su función.

«¿Dónde quedó esa canción?
Quizás adentro del corazón».

LEÓN GIECO

19. El paradigma del corazón

La mayoría de las veces nos preocupamos en exceso, sufrimos e incluso enfermamos porque hemos cedido todo el poder a nuestra mente en detrimento de nuestro corazón. Es tal su dominio que incluso sentimos que nuestras emociones son mentales, es decir, procesadas y vividas desde la razón.

Pero si, como ya sabemos, nuestra mente no somos nosotros, aunque a menudo nos comportemos como robots dirigidos por programas inconscientes, quizás haya llegado el momento de hacer caso a nuestro corazón y poner la mente, al igual que el resto de órganos de nuestro organismo, a su servicio, y no a la inversa.

Al principio, cuando no estás entrenado y tu falso yo domina todas tus actuaciones, compruebas que, ante un deseo que surge directamente de tu corazón, tu mente encuentra infinidad de excusas para no hacerle caso. Y, en parte, es lógico. Tu ego está acostumbrado a salirse con la suya y a controlarlo todo. El corazón le estorba, le molesta, le echa por tierra todas sus razones para tomar el control de tu vida. Y lo hace precisamente porque tú se lo has cedido. Cuanto más poderosamente dirija tu vida, más complicado le va a resultar dejar de dominarla. Por eso te pondrá millones de razones para que acalles a tu corazón. ¿Te resultan familiares frases como: «Ya haré el viaje de mi vida cuando me jubile y tenga tiempo», o «Ya realizaré aquellos estudios que me apasionan cuando los hijos sean mayores», o esta otra: «Ahora no puedo disfrutar de la familia como yo querría, debo trabajar duro», o tantas otras que, casi con seguridad, todos hemos pensado alguna vez, pero a las que, por desgracia, no les hemos hecho caso? Han caído en un saco roto y se han quedado en sueños pendientes de cumplir.

Tienes que saber que todos los sueños se encuentran detrás del miedo y al lado del corazón. Si no conseguimos nuestros deseos es porque hacemos más caso a nuestra mente temerosa que a nuestro corazón intuitivo. Es cierto que nos han educado para lo primero, y por eso nos resulta tan extraño conectar con nuestro corazón y dejar que nos hable sin que interfiera la parte mental. La culpa, la falsa obligación, el hecho de tener que demostrar para mendigar reconocimiento, etcétera son pesados muros difíciles de franquear para conseguir nuestros anhelos. Pero como en casi todo en esta vida, se puede aprender a seguir los dictados de tu corazón para que deje de ser una novedad y se convierta en tu estilo de vida. Debemos entrenarnos para que la mente nos proporcione, en vez de excusas, infinitas posibilidades para seguir el camino del corazón. Éste siempre tiene razones que la razón no encuentra y la intuición sabe lo que la mente desconoce.

Ahora ya no tenemos excusas porque ya sabemos que no conectar con tu ser más intuitivo te conduce directamente a la infelicidad y a la enfermedad. Conectar con nuestro corazón, es decir, pensar, sentir y actuar con coherencia nos proporciona la única posibilidad de ser felices y sentir paz interior. Cuando eres coherente no enfermas, no sufres, no luchas, no estás enojado y sientes que la vida no te debe nada.

¿Y cómo puedes saber que estás totalmente conectado con tu corazón? Porque el corazón no duda, no sabe de creencias ni de programas mentales, es decir, sólo conoce el amor y la verdad. Escucha tus emociones porque éstas son tu puerta de entrada al Universo al cual ya estás conectado desde el mismo instante en que naces. Sigue la voz de tu intuición, que es la mensajera de tu alma, de tu ser más espiritual. La mente no conoce el camino de vuelta a casa, a la esencia de amor que ya eres. En cambio, el corazón te conducirá directamente allí porque ya ha estado antes. Piensa que el amor se siente con el corazón y se expande con la mente. Escoge el paradigma del corazón y ¡bienvenido a casa!

Cesan los ruidos y dispongo del silencio suficiente para que mi corazón se exprese con calma.

Me fundo con la existencia del eterno presente y medito paseando por la playa, dialogando con el agua del mar y con mis hadas, para concretar lo que siento.

Y cuando lo tengo, sé que voy a actuar en consecuencia y que la volveré a liar en el mundo terrenal.

La vuelvo a liar porque el corazón no entiende de normas ni razones, de compromisos, hipocresías y compensaciones.

Y mientras las esencias hacen una fiesta, en el mundo de las mentes y los egos se instalan las lágrimas (incluidas las mías) y la tristeza.

Por ello tengo que activar y convencer a mi mente para que me ofrezca 300 posibilidades que me lleven a hacer lo que siento y no 300.000 posibilidades para no hacerlo.

Ésa ha sido la dinámica de los últimos años: poner la mente al servicio del corazón para entrar en un estado cuántico donde esperan todas las posibilidades.

En los momentos en los que todo parecía que estaba muy bien, mi corazón me susurraba que cambiara de rumbo. Esos nuevos caminos, tras modificar lo que aparentaba que era un estado de satisfacción y alegría, han resultado los saltos cuánticos más importantes y significativos de mi vida.

Propuesta de ejercicios

1. Convéncete racionalmente que hacer caso a tu corazón es el único camino para vivir en plenitud, salud y satisfacción.

   Ten tu intuición conectada todo el día para aprovechar todas las sincronicidades.
2. Vete a la cama. Relájate sin prisas y ponte las manos en el corazón invitándolo a hablar.

   Cuando acabes, ya puedes soñar cómo vas a actuar en consecuencia.

«Bendita tu luz,
bendita la luz de tu mirada
desde el alma».

MANÁ

20. Conexión con el Universo

Según la física cuántica, el tiempo lineal, tal y como nosotros lo percibimos, no existe, es decir, que pasado, presente y futuro suceden a la vez. Por lo que sólo existe un presente continuo con multitud de opciones que, de alguna manera, desplegamos en nuestra mente para poder apreciar las diferentes experiencias en el tiempo. Por tanto, sólo y únicamente en el presente pueden confluir a la vez todas las posibilidades para crear nuestra vida y conectar con el campo cuántico.

Se ha escrito largo y tendido sobre la importancia de vivir en el aquí y en el ahora. Como rezan los últimos cientos de libros de autoayuda (incluido éste), sólo podemos estar conectados con nosotros mismos y, por extensión, con el Universo, viviendo en el presente, es decir, haciendo cada minuto de nuestra vida lo que sentimos que debemos hacer y estando donde queremos estar. En este punto es cuando se demuestra de manera clara que el conocimiento sin práctica no sirve para nada; toda la teoría del mundo no te ayudará en tu misión de alcanzar una vida plena si no la experimentas en tu propia persona.

Podríamos citar estadísticas de cualquier índole que respaldan la idea de lo «difícil» que nos resulta vivir en el presente. Joe Dispenza, en su espléndido libro *Deja de ser tú*, apunta que aunque creamos vivir en el presente, la mente subconsciente está de un modo permanente viviendo en el pasado, abandonados a adicciones emocionales que activan programas automáticos que se vuelven a repetir en nuestro aquí y ahora. Y no sólo eso, probablemente a nivel subconsciente ya estamos esperando que suceda en el futuro una situación previsible basándonos en ese recuerdo del pasado vivido en el presente. En realidad, somos prisioneros de una mentalidad newtoniana en la que intentamos prever el futuro basándonos en experiencias pasadas.

De este modo, la única posibilidad de vivir en el aquí y ahora, sin que nuestro anclaje emocional en el pasado y nuestra ansiedad por un futuro incierto nos sabotee nuestro presente, es abandonando las adicciones emocionales procedentes del pasado para que no exista nada que pueda activar los programas automáticos del antiguo yo. Si lo consideras necesario vuelve a repasar los capítulos de desprogramación mental y cómo crear tu propia vida para adquirir las herramientas que te ayudarán a abandonar esos programas automáticos.

En realidad, somos una conciencia conectada a un campo cuántico de inteligencia, y cuando vivimos en el pasado o el futuro, nos desconectamos de este campo universal y creemos que estamos separados de él. Cuando intentamos controlar nuestra realidad en lugar de dejar que algo superior se ocupe de ella, estamos viviendo en emociones de supervivencia y totalmente desconectados del Universo. ¿Te has dado cuenta de que cuando no estás conectado intentas controlar o forzar un resultado? En cambio, cuando vives en conexión total contigo mismo y con el campo universal te sientes tan bien que ya no te interesa controlar o analizar cómo y cuándo llegará el destino deseado. Confías en que se materializará porque ya lo has vivido a nivel mental y emocional.

Y ¿cómo nos conectamos con el Universo?, te estarás preguntando ahora. Pues trascendiendo el tiempo, el espacio y el cuerpo. Viviendo en el presente y en un estado creativo, es decir, en esos momentos en que estás totalmente absorto en algo, en un estado de flujo, cuando nos olvidamos del entorno, y el cuerpo y la mente se calman. Fíjate en los niños. Ellos, la mayoría del tiempo, viven conectados en un presente continuo, sin pasado ni futuro, sin memoria, sin planificar, pasando de un estado emocional a otro en cuestión de segundos. Son vitalidad en estado puro. Viven en presencia. Viven en presente. Viven conectados.

Sabrás que vives en conexión con el Universo porque te olvidas de ti y desconectas de tu mundo conocido. Pierdes la conciencia del tiempo y del espacio. Siempre que disfrutas estás en armonía con el Universo. Te conectas, por ejemplo, riendo (es imposible reír a carcajadas y pensar a la vez), bailando sin control, creando en cualquier disciplina artística que nos apasione, cuando experimentas un orgasmo, cuando tienes la sensación de que una hora ha pasado en un minuto. Se trata de liberar a los personajes que representamos en nuestra vida y todo aquello que nos condiciona.

Conectar con nuestro sentir, con nuestra esencia y con nuestro poder personal expandiendo la energía del corazón, del amor y la belleza, y elevando nuestra consciencia.

En definitiva, viendo en presencia, tántricamente y poniendo la mente al servicio del corazón. Trascendiendo el tiempo, el espacio y el cuerpo, viviendo más allá del tiempo lineal para poder cruzar la puerta del campo cuántico de infinitas posibilidades.

Me alejo de la razón y me fundo con el océano divino para tender un puente entre lo denso y lo sutil.

Convertí el sexo en una excelente terapia personal para reintegrar mi espiritualidad y, a través del amor, resolver todos los asuntos pendientes y sanar todas mis relaciones. Más tarde, también para canalizar y conectar con otros mundos, con otros escenarios, con otros seres, con otros planos, con otros universos... Lo invisible sólo es otro nivel de realidad.

Tras una experiencia orgásmica de fusión donde nos olvidamos de la materia y de nuestra identidad, el éxtasis deja paso a la eyaculación con el colofón de un grito descomunal que surge de las entrañas. En una especie de trance, me disuelvo en la metrópolis estelar y soy capaz de hablar cualquier idioma de la tierra actual o del pasado... Y aparecen seres de aquí o de allá, conocidos o anónimos con la idea de transmitirme vivencias que me resultan de utilidad.

Como la imagen de un japonés, el último día de su vida, mirando hacia su casa, congelando el tiempo para repasar su vida y agradeciendo en especial la relación con su esposa para recordar cómo habían engendrado a sus hijos en posición de loto. Muy emocionado pronuncia una frase que repetimos una y otra vez hasta la extenuación antes de sumirnos en un delicioso silencio y morir en la calma más absoluta.

Nunca anoto nada cuando conecto, pero la frase quedó tan grabada que la escribí en mi agenda. Unos días más tarde le pregunté a una compañera japonesa de masaje tailandés si aquellas palabras tenían algún sentido... Y claro que lo tenían. Enseguida las tradujo como una expresión específica cuando alguien se gira para contemplar algo muy importante y pronuncia «es aquello, está allí».

Propuesta de ejercicio

1. Piensa en las ocasiones que has trascendido el tiempo, el cuerpo y el espacio y recuerda las condiciones que lo generaron. ¿Qué te conecta? ¿Qué te desconecta? Recrea situaciones parecidas y/o crea otras nuevas para conseguirlo.
2. Vive en presente. Es la única manera de conectarte a la consciencia universal. Haz del ahora el centro fundamental de tu vida y libera tu agenda de obligaciones y compromisos. No crees más tiempo o crea el imprescindible para gestionar los aspectos prácticos.

Ten consciencia de presente: cada vez que adviertas que estás pensando en el pasado o en el futuro di: ¡Ahora! ¡Presencia ahora!

«Un día se tendrá que admitir oficialmente que lo que llamamos nuestra realidad es una ilusión aún mayor que el mundo de los sueños».

SALVADOR DALÍ

21. Campo cuántico de infinitas posibilidades

Ya sabemos que únicamente en el presente es donde existen al mismo tiempo todas las posibilidades en el campo cuántico. Sólo cuando estamos presentes vivimos «el momento» y podemos trascender el espacio y el tiempo para poder hacer realidad cualquiera de estas posibilidades. La física cuántica ya ha demostrado que el tiempo lineal, tal y como lo percibimos, no existe, es decir, que todos los tiempos (pasado, presente y futuro) suceden a la vez. De hecho, es fantástico que el pasado no exista porque esta condición nos ofrece un sinfín de posibilidades para poder empezar siempre desde cero sin ningún tipo de prejuicios.

La física cuántica también ha demostrado científicamente que somos nosotros quienes creamos nuestra vida a través de nuestros pensamientos. En este sentido, nuestras circunstancias actuales serían consecuencia de nuestras vibraciones pasadas. Por tanto, si queremos que nuestro futuro sea mejor que nuestro presente, deberemos «desmemorizar» esas emociones pasadas que nos causan sufrimiento y concentrarnos en el futuro que deseamos como si ya estuviera aquí elevando la vibración de nuestros pensamientos para que lo próximo que atraigamos sea en realidad la vida que deseamos.

Lo cierto es que creamos nuestra vida basándonos en nuestras creencias y experiencias, y eligiendo entre escasísimas posibilidades. Nuestro Universo, sin embargo, es un inmenso holograma cósmico que alberga una información ilimitada. Lo que no sabemos es que en el campo cuántico confluyen infinitas posibilidades que nos están esperando si nosotros nos abrimos a ellas. De hecho, todo lo que cualquier persona puede imaginar está en ese campo cuántico y se puede hacer realidad. Nosotros, como observadores, somos los que decidimos a cada momento qué realidad vamos a escoger. Por tanto, nosotros mismos somos los que nos autolimitamos al escoger entre esas pequeñísimas posibilidades, condicionados en gran medida por nuestros programas y experiencias del pasado.

Pero si trascendemos nuestras habituales construcciones mentales, todo es posible. Para ello, debemos romper con nuestros hábitos de siempre, salir de nuestra zona de confort para empezar a hacer cosas nuevas que nunca antes hemos realizado, convertirnos en una persona nueva para atraer nuevas posibilidades a nuestra vida. De hecho, podemos elegir una posibilidad del campo cuántico a propósito (ya que confluyen todas las posibilidades en él) y sentir a nivel emocional una situación futura antes de que se materialice. Podemos hacerlo tantas veces como sea necesario hasta que adiestremos a nuestra mente y se convierta en un hábito. Cuando visualizamos una realidad futura deseada una y otra vez hasta que el cerebro cambia físicamente como si ya la hubiera vivido, y la sentimos a nivel emocional tantas veces como si ya la hubiéramos experimentado, la situación futura nos encuentra y se hace realidad en nuestro presente. Imaginarlo es lo que hace que algo ocurra.

Es importante entender que el campo cuántico no responde a lo que deseamos, sino a lo que somos. Por consiguiente, lo que debemos hacer entonces es crear un ser diferente para encontrar nuevas realidades cuánticas y alterar nuestros parámetros que ya no funcionan para conseguir respuestas diferentes. En nuestro mundo actual se encuentran las mismas ideas de siempre, las mismas maneras de actuar, los mismos patrones de comportamiento que «eligen» idénticas posibilidades del campo cuántico. Si queremos atraer una nueva vida, antes es imprescindible cambiarnos a nosotros. Siempre funciona en este orden: si nosotros no cambiamos nuestra manera de pensar, sentir y actuar, nuestras circunstancias tampoco lo harán.

El mayor problema de las personas que no consiguen sus deseos es porque están desconectadas del campo cuántico de todas las posibilidades. Si empiezas a dudar, estás ansioso, te preocupas, te desanimas o analizas demasiado, tus emociones demuestran que no «crees» en las posibilidades cuánticas y pierdes la conexión con el Universo. Lo más importante es la intención, sentirse conectado con la conciencia universal y agradecer de antemano la nueva realidad para, de esta manera, enviar la señal al campo cuántico de que tu intención ya ha dado fruto. Si conectamos con la

Inteligencia Universal visualizándonos en un nuevo ser y agradeciendo los cambios antes de que sucedan, estaremos transmitiendo la señal de que es real, y el Universo lo «elegirá» entre las múltiples posibilidades cuánticas.

Recuerda que nada existe en el Universo si no hay un observador, sólo un sinfín de posibilidades. Y esto nos abre las puertas a opciones increíbles sobre el tiempo lineal y las posibilidades de actuar para cambiar el pasado y construir mi presente. La vida es un presente continuo en el que conviven todas las posibilidades y, al elegir, hacemos conscientes una minúscula parte de ellas: la vida que hemos escogido. Cada día, con nuestros pensamientos, actuaciones y elecciones entre un sinfín de posibilidades, estamos creando nuestro presente. El secreto reside en saber que podemos cambiar nuestras circunstancias eligiendo de manera consciente las que queremos vivir entre las infinitas posibilidades que nos ofrece el campo cuántico universal.

Si hay algo que me caracteriza es la perseverancia y la autodisciplina. Estas dos características de mi personalidad me resultaron sumamente valiosas a la hora de poner en funcionamiento la factoría de los sueños que campan a sus anchas por el campo cuántico de las infinitas posibilidades.

Lo primero que hice es concretar mi «petición» en presente, en afirmativo y engrosada con todo tipo de detalles. En esta ocasión, mi sueño «imaginaba» aquella pareja ideal que yo tenía la certeza que se encontraba en algún lugar del Universo y que, a su vez, también me estaba buscando a mí.

Lo más importante, sin embargo, era convertirme yo primero en aquella persona de la cual me enamoraría porque el Universo no responde a lo que deseamos, sino a lo que somos. Si quería atraer a una nueva pareja, antes era imprescindible cambiarme a mí misma, pues en mi mundo de entonces sólo había espacio para las mismas ideas e idénticos patrones de comportamiento y, por consiguiente, las mismas parejas de siempre.

Teniendo la certeza de que mi petición consistía en un proceso creativo, pensaba, sentía y actuaba como si mi deseo ya fuese una realidad teniendo en cuenta que mi mente no distinguía entre lo que era real y mi «simulación». La fe, la confianza, el agradecimiento y la delegación en mi gerente cósmico hicieron el resto.

No tardaron en manifestarse señales y sincronías que me acercaban a mi sueño. Y nunca dudé de que mi nueva pareja se encontraba en algún lugar del Universo porque ahora estaba siendo el yo futuro que existía como una posibilidad en el campo cuántico. Una posibilidad que «escogí» y que ahora forma parte de mi presente de manera real.

Propuesta de ejercicios

1. Las personas que meditan perciben, experimentan y crean la vida de una forma más abierta. Medita veinte minutos diarios con la intención de salir del cuerpo y de la mente para entrar en un estado de consciencia ampliado donde captar matices sorprendentes de otra realidad

sensorial más allá del tiempo y el espacio, y donde lo invisible se torna visible.

2. Fíjate objetivos concretos porque son un radar para que las ocasiones lleguen. Sal de tu zona de confort, imagina y empieza a hacer cosas que no has hecho nunca, y no te limites: ten presente que ningún sueño es demasiado atrevido ni ambicioso.

*«La abundancia no es algo que adquirimos,
es algo con lo que nos conectamos».*

WAYNE DYER

22. Ser abundante
para tener abundancia

Ya sabemos que el campo cuántico no responde a lo que deseamos, sino a lo que somos. Por tanto, el Universo nos va a devolver precisamente eso: si somos abundancia nos responderá con ella; y si somos carencia, lo hará también con carencia. Siempre funciona de la misma manera: atraemos aquello que somos; los iguales se atraen, mientras que lo distinto se repele.

Cuando tomamos conciencia de esta ley universal comprendemos que si pedimos abundancia y prosperidad desde la carencia, obtendremos más de lo mismo. La pregunta clave sería: ¿me siento próspero? ¿Pienso, siento y actúo desde la abundancia que soy? Examina tus creencias y tus comportamientos, y entenderás lo que tienes o no tienes en tu vida.

Vivir en la abundancia debería ser nuestro estado natural, pues el Universo es próspero y hay de sobras para todos.

La fuente de la cual emana todo nos ofrece lo que necesitamos una y otra vez, pues es abundancia en estado puro, plena, total y sin límites de espacio y tiempo. Es presente continuo, en el aquí y ahora. Es preciso que entendamos que la prosperidad nunca se encuentra en el pasado o en el futuro. Sólo puedes ser abundante viviendo en el presente, que es el tiempo en que se expande el campo cuántico de infinitas posibilidades.

La abundancia como tal es el estado natural de nuestra esencia; somos nosotros quienes creamos nuestra realidad a partir de lo que creemos que merecemos. ¿De qué crees que eres merecedor? En realidad, nos concedemos todo aquello que creemos que nos merecemos, y nos privamos de lo que consideramos que no somos merecedores. De hecho, si no tenemos abundancia en nuestra vida es porque somos carencia y vivimos en la emergencia permanente, generando sentimientos de ira, miedo, tristeza, ansiedad, depresión... es decir, emitimos vibraciones de supervivencia que nos alejan de la abundancia.

Te darás cuenta de que vives en carencia si tienes el hábito de amontonar objetos inútiles creyendo que un día vas a necesitarlos, o guardas ropa, zapatos, utensilios domésticos, etcétera, que ya no usas desde hace mucho tiempo. Quizás acumules dinero pensando que en un futuro podrá hacerte falta. ¿Y dentro de ti? ¿Tienes el hábito de guardar enfados, resentimientos, tristezas, miedos...? Todos estos hábitos van en contra de nuestra prosperidad. Si no dejamos un espacio, un vacío, es imposible que entren cosas nuevas y prósperas en nuestra vida. Por eso es necesario que nos deshagamos de todo lo inútil y de todo aquello que ya no otorga ningún sentido a nuestras vidas para que la abundancia se manifieste en todo su esplendor. Mientras estemos material o emocionalmente cargando sentimientos de carencia, no tendremos espacio para nuevas oportunidades. La fuerza de ese vacío es lo que absorberá y atraerá la abundancia a nuestra vida.

De hecho, no son los objetos guardados los que estancan nuestra vida, sino el significado de la actitud de acumular. Cuando se guarda, se pone de manifiesto la posibilidad de falta y de carencia. De esta manera, el Universo cree que mañana podrá faltarte algo y que no tendrás manera de cubrir esas necesidades. Con esa idea, estamos enviando dos mensajes a nuestro cerebro: que no confiamos en el futuro y que lo nuevo y mejor no es para nosotros. Por tanto, limpia cajones, armarios, trasteros, garajes; dona todo aquello que ya no uses y estés acumulando «por si acaso» falta el día de mañana. Los bienes necesitan circular, fluir, renovarse, transmutar; de esta forma nada se pierde, todo se transforma.

De la misma manera, cuando estamos conectados con nuestra esencia y emitimos vibraciones de amor ya no es necesario preocuparnos por nuestra supervivencia. Vivir en la abundancia significa que estamos convencidos de que nunca nos va a faltar nada y todo va a estar dispuesto para nosotros porque el Universo es abundante y hay de sobras para todos. Y si no es así, es porque la pésima distribución de nuestras mentes se convierte en la pésima distribución de la riqueza en el planeta.

Ser próspero significa que estamos conectados con nuestra esencia de amor, que nos dedicamos a aquello que nos llena y da sentido a nuestras vidas, que tenemos relaciones satisfactorias, que vivimos en salud y plenitud, que somos ricos en actos y experiencias, y que no me aferro a las cosas y personas, sino que me desprendo de ellas porque comprendo que el apego es carencia en contraposición a la grandiosidad que ya somos.

Un camino sin atajos para ser abundante es hacer abundantes a los demás, siendo útiles, sirviendo y ayudando a los que me rodean. De hecho, la clave de la prosperidad reside en la generosidad, en la voluntad de servir, de dar y amar. Podremos tener abundancia ilimitada en nuestra vida cuando asumamos que recibimos todo aquello que somos capaces de ofrecer. Recuerda que sólo siendo y sintiéndonos abundantes tendremos abundancia.

El camino para la prosperidad es ser y sentirte abundante. Y ser abundante es estar satisfecho haciendo lo que quieres hacer desde el amor.

En mis sueños de infancia y adolescencia, la inquietud de recorrer el mundo estaba muy definida. Y desde muy joven tuve claro que el propósito era viajar y no conseguir dinero para hacerlo. Es una diferencia que parece sutil pero que en mi vida ha resultado vital.

Surgió la oportunidad, tras el tsunami, de hacer un voluntariado en Sri Lanka. Era una época en que no tenía dinero, pero sin dudarlo compré el billete de avión a crédito...

Unos días más tarde llegó la oportunidad de hacer, también como voluntario, una peregrinación a Lourdes acompañando a personas mayores con una movilidad reducida. ¿Tenía dinero para el viaje y la estancia? No. ¿Fui? ¡Pues claro!

¿Cómo pagué los viajes? Ni me acuerdo. Os aseguro que cuando vibras en abundancia todo sale y acaba bien. Lo que sí recuerdo es toda una serie de momentos increíbles en los dos viajes...

Cuando llegamos a la habitación encendí la luz. Las tres invidentes a las que habíamos acompañado todo el día se rieron de mi acto reflejo que a ellas no les servía absolutamente de nada.

En pleno agradecimiento mutuo por la jornada que habíamos compartido, una de ellas empezó a cantar. Nos quedamos petrificados escuchando cómo cantaba un ángel. Empezamos a llorar y todo mi cuerpo tembló compartiendo una emoción maravillosa.

Propuesta de ejercicios

1. Cierra los ojos (mejor en posición de meditación) y visualiza cómo te comportarás cuando seas una persona que tenga abundancia. Vibra en abundancia y agradece profundamente haberlo conseguido para enviar el mensaje que ya es real. Cuando abras los ojos actúa todo el día según tu nueva realidad.
2. Proponte realizar tres actos de generosidad cada semana (sólo con la propuesta aparecerán más oportunidades). Sé creativo; a veces una simple sonrisa puede ser muy efectiva.

   Cada día haz abundante a alguien: deja a las personas con quien interactúes en un estado mejor que cuando las encontraste.

«Cada uno da lo que recibe
y luego recibe lo que da,
nada es más simple,
no hay otra norma:
nada se pierde, todo se transforma».

JORGE DREXLER

23. Agradecer lo que damos y recibimos

Si la clave de la prosperidad reside en la generosidad y entendemos que únicamente podremos tener abundancia ilimitada en nuestra vida cuando integremos que recibimos todo aquello que somos capaces de ofrecer, el altruismo y el acto de compartir se convierten en puntales imprescindibles en nuestra filosofía de vida.

De hecho, lo que se manifiesta en nuestras vidas no es más que el axioma tan popularmente extendido de «lo que siembres recogerás». Nosotros somos los únicos responsables de lo que tenemos en nuestra vida; aquello que recibimos es aquello que ofrecemos. Por tanto, nunca podremos responsabilizar a nadie ni a nada de lo que obtenemos en nuestra vida. Así, la realidad que vivimos es una consecuencia directa de nuestra capacidad de dar de manera altruista.

Lo que ocurre es que estamos educados y programados a nivel subconsciente para ofrecer siempre a cambio de algo. Nuestra manera de dar se convierte en un intercambio de mercancías. Yo te doy para que, en otra ocasión, tú también me des. Nos movemos a base de favores y siempre damos para obtener recompensa. Y esto es así porque nuestro ego nos dice que no es posible que las dos partes ganen: lo que yo obtengo tú lo pierdes; lo que yo ofrezco me lo quito. Por lo cual, la pérdida del otro es nuestra ganancia y mi ganancia es tu pérdida.

Pero, en realidad, excepto el ego, todo el mundo gana: el que da y el que recibe. Cada uno ofrece lo que recibe; luego recibe lo que da. Por tanto, nada se pierde, sino que todo se transforma, como bien apunta la canción de Jorge Drexler. Nadie puede quitarle nada a nadie; en cualquier caso, tan sólo nosotros podemos quitárnoslo si vibramos en una frecuencia de carencia, de la misma manera que es absurdo creer que podremos «deshacernos» de algo que no queremos dándoselo a los demás. Con ello, lo único que conseguimos es conservarlo y perpetuarlo.

Nuestro gran triunfo es entender que cuanto más ofrecemos, más recibimos; cuanto más comparto, más obtengo. Aunque el paradigma del altruismo sólo se manifestará cuando entendamos que la felicidad compartida y repartida entre cuantas más personas mejor, repercute directamente en mi propia felicidad y abundancia. Por tanto, una de las principales prioridades en nuestra vida debería ser prepararnos y entrenarnos para vivir en plenitud y estar en paz. Cuando el hecho de dar sin esperar nada a cambio se convierte en uno de los aspectos más importantes de nuestra vida, como el árbol que da sus frutos sin preguntar a quién se los ofrece, entendemos nuestro único propósito en la vida: nuestra existencia adquiere sentido compartiendo.

Cuando nos sentimos plenos y felices, la sensación es tan maravillosa que tendremos la necesidad de compartirla con los demás. ¿Y cómo lo haremos? Pues dando, ofreciendo para que los otros sientan la misma sensación de felicidad y de plenitud. Entonces somos generosos y altruistas. De hecho, el altruismo no es más que amor derivado hacia uno mismo, porque cuando damos sin esperar nada a cambio, recibimos aquello que previamente hemos ofrecido, pero multiplicado por mil. Recibir adquiere entonces la dimensión de aceptar, no de obtener cosas.

De hecho, acto seguido, el agradecimiento se convierte en el estado supremo del que recibe. Por eso es tan importante ser agradecido por tener una vida plena y feliz compartida con los demás. Recuerda que la gratitud es sinónimo de amor, de un corazón agradecido que está enviando señales al Universo diciéndole cuánto valora lo que tiene. Y precisamente por esta razón, recibe el doble de lo que da.

Vivir en gratitud debería ser nuestro estilo de vida. El agradecimiento adquiere su verdadero significado cuando se convierte en un hábito diario y no en un acto esporádico y aislado. Levantarnos por la mañana y agradecer lo que somos, lo que hacemos y lo que tenemos (por poco que sea). Es importante también agradecer todo lo que deseamos en nuestra vida, pero que todavía no se ha manifestado. El hecho de agradecer presupone que lo que deseas ya está en tu vida y, de esta manera, lo atraes.

Por ello, no nos olvidemos ni un solo día de dar las gracias desde el corazón al Universo por todo lo que nos proporciona, agradeciendo incluso aquello que aún no se ha manifestado en nuestra vida, pero que no dudamos que tendrá lugar. Porque el Universo es parte de nosotros, y cuanto más confiamos en él y agradecemos sus atenciones, más nos cuida.

Una mañana de estrellas llegué a Montserrat. Sonreí a la *Moreneta* (una virgen negra que hay en Catalunya), y sin pensar le pregunté lo mismo que a Ganesh, Lakshmi y otras deidades de la riqueza y la prosperidad:

—¿Qué quieres que haga?

Me devolvió la sonrisa y agradeció mi ofrecimiento.

Mentalmente entendí que mi pregunta era abundancia porque provenía del absoluto convencimiento de que no se puede pedir nada si crees que lo tienes todo.

Otra mañana estrellada llegué a El Masnou, donde a menudo voy a la playa para descansar, pasear, bañarme, concentrarme, conectarme o reflexionar. Recuerdo muy bien que llevaba 10 euros en la cartera (en la cartera y en mi vida), y que a pesar de ser todo mi capital, la sensación de abundancia era inquebrantable.

Justo después de aparcar, se acercó un joven negro y me dijo que hacía tres días que no comía. ¿Qué hice? Pues lo que hubiera hecho en cualquier ocasión semejante. Fuimos a desayunar a un bar, donde él saboreó un café con leche y un bocadillo de tortilla y yo me tomé un cortado dudando si tendría dinero suficiente para los dos. Nos explicamos una vida repetida y única y nos despedimos con un abrazo y una sonrisa deseándonos el mejor de los presagios.

Yo le agradecí, y todavía hoy le agradezco de corazón, la maravillosa oportunidad que me brindó. La magnífica oportunidad de degustar la generosidad y ofrecer lo que tienes sin esperar nada a cambio.

Propuesta de ejercicios

1. ¿Por qué debes estar agradecido hoy?
   Agradece cada gesto o acto que veas de los demás hacia tu persona. De lo más simple a lo más excelso (yo me emociono hasta cuando me calientas la leche).

   Aprende a recibir, deja que te ofrezcan, que te cuiden, que te amen…

2. Dile a una amiga que sea más o menos igual de alta que tú que elija entre todos tus vestidos, zapatos o complementos con la decisión tomada de antemano de que el que escoja será un regalo para ella.

   Y cuando te compres algo que te haga mucha ilusión (una chaqueta, una bicicleta, un kayak, un automóvil, una casa, un avión…) ofréceselo a otra persona para que lo estrene.

3. Analiza lo que esperas obtener cada vez que ofreces algo. ¿Estás pidiendo algo a cambio?
   ¿Alguna condición?

   La felicidad es un bumerán, y cuanto más das sin esperar nada a cambio, más recibes.

   Ése es el reto: llegar al amor incondicional.

«Y lo que hay
no siempre es lo que es
y lo que es
no es siempre lo que ves».

PEDRO GUERRA

24. Más allá del cuerpo. Conexión de almas

A pesar de que está demostrado que estamos constituidos por un 0,01 por 100 materia y un 99,9 por 100 energía, durante nuestra vida terrenal únicamente nos relacionamos desde nuestro cuerpo físico, cuando, de hecho, sabemos que el cuerpo sólo nos permitirá limitadísimos desahogos de amor intercalados con intervalos de odio y sufrimiento.

Así, resulta limitante pensar que sólo somos un cuerpo y que hemos venido a este mundo para nacer, tener placeres efímeros, sufrir y morir. Es infinitamente más estimulante conocer que podemos trascender este paradigma y acceder a otras dimensiones para relacionarnos desde la energía.

De hecho, desde el punto de vista holístico, cada persona tiene su banda de frecuencias a través de la cual se comunica y relaciona con el exterior. Las frecuencias más bajas corresponden al nivel físico más denso, cuya vibración es tan débil que parece que está en reposo, mientras que las frecuencias más elevadas tienen una intensidad de vibración importante y corresponden a un nivel de comunicación más sutil y etérea. Entre ambos polos, hay infinidad de grados de intensidad vibratoria. Y a medida que vamos ascendiendo en la escala de la evolución, volviéndonos más receptivos y flexibles, esta banda de frecuencia se va ampliando.

Con una mente más abierta podemos acceder a nuevos niveles de información y enriquecernos mental y espiritualmente. La expansión de la banda de frecuencias constituye una de las estrategias evolutivas de nuestra mente. Si nos preparamos y abrimos a tener experiencias místicas, desde vibraciones superiores y otros sentidos más sutiles, éstas nos llegarán con mucha más facilidad. De hecho, acceder a nuestra conciencia cósmica nos posibilita acceder a revelaciones superiores para conocer que somos seres espirituales y eternos en cuerpos temporales.

Cuando entendemos que somos una conciencia conectada a un campo cuántico de inteligencia, todo nuestro mundo cambia. Entonces, es posible salir de la rueda del tiempo y entrar en el círculo del amor. Y cuando esto ocurre es cuando estamos preparados para comunicarnos desde el corazón, desde la energía y, finalmente, desde el alma.

Relacionarse a través del alma se convierte en una propuesta personal, escogida y meditada con conciencia. Porque sé que sólo cuando me libero de mi limitadísima perspectiva terrenal es posible descifrar todos los misterios del Universo. Hemos venido a este mundo para disfrutar de un sinfín de experiencias en las que nuestro cuerpo físico es sólo un recurso de aprendizaje y una herramienta magnífica para comunicarnos. Cuidémoslo, pero sin concederle el papel protagonista, ya que podemos trascenderlo y superar los límites que nos impone. Más allá del cuerpo somos sutiles, etéreos, esencia, energía, amor, luz y, en definitiva, almas.

Cuando dos almas conectan a través del corazón, el tiempo y el espacio no son un obstáculo para la comunicación. Por esta razón, podemos transitar de una galaxia a otra visitando los cuatrocientos mil millones de soles de nuestra Vía Láctea. Entonces mi alma reconoce a tu alma y honra su amor, su belleza, su verdad y cuanto hay de bueno en ella, respetándola como el alma única que es. Se produce así una continua transferencia sin necesidad de palabras. Las energías pueden relacionarse directamente sin el lenguaje, sin el cuerpo, sin la mente... Fuera del cuerpo se nos abre un campo cuántico de posibilidades infinitas. Salgamos de él para expandirnos y explorarlas. Sólo así podremos descubrir nuevos horizontes ilimitados.

Cuando conectas con tu alma, las dimensiones anteriores desaparecen porque pierden todo su sentido. Desde esta perspectiva, la muerte física sólo es un tránsito hacia otra dimensión, que se convierte en la culminación de la vida. En este sentido, la muerte no debería ser motivo de tristeza si la persona ha vivido plenamente desde el amor.

Es innegable que está emergiendo un impulso de trascender la materia y despertar hacia un nivel más profundo de la conciencia. Como seres humanos tenemos el privilegio de realizar el tránsito hacia otra dimensión, hacia otro estado evolutivo. La evolución espiritual es parte del destino de nuestra alma. Cada alma crece y evoluciona a un ritmo diferente. Y en este preciso instante tú estás justo donde necesitas estar. Los que sean más flexibles y se adapten a las nuevas formas para la expansión de la conciencia fluirán con libertad y se conectarán energéticamente como seres de luz. Ésta es, sin duda, la ley de la evolución. Más allá del cuerpo, conexión de almas.

Me desvelo entre sueños, deambulo entre realidades y me despierto decidiendo no abrir los ojos...

Siento mi cuerpo, mi corazón, mi amor, mi paz y conecto con mi sinfonía.

Y desde la misma conecto con tu esencia.

Y te presiento sutil, energética, tántricamente.

Y así, integrados en la elegía cósmica, investigamos cómo se relacionan las almas.

En un silencio ilimitado y eterno, cruzamos los universos jugueteando, vagando, correteando, brincando, nadando, volando...

Siglos más tarde, abrimos los ojos para relacionarnos desde el cuerpo. Nos miramos y, si nos apetece, bajamos al plano inferior de la materia para hacerlos disfrutar. Si no, desayunamos impregnados de amor, gratitud y plenitud.

Después de enjabonarnos con ternura, volvemos a la cama para cerrar los ojos y volver a conectar las almas.

Propuesta de ejercicios

1. Estamos constituidos por un 0,01 por 100 de materia y un 99,9 por 100 de energía. Durante todo el día, mírate

y mira, y trata a los demás como si fueran algo más que un cuerpo.

Por la noche, estírate, relájate y tranquilízate. Cierra los ojos hasta conectar con tu esencia. No hay prisa. Si acuden otros pensamientos, siéntelos hasta que pasen. Después conecta con las almas de las personas con quienes has interactuado durante el día.

2. Prepárate para vivir tu propia muerte. Pon música suave y estírate sobre la cama o el suelo, cierra los ojos y siente cómo haces el tránsito y cómo tu corazón, poco a poco, va dejando de latir. Sana tus relaciones y elimina tus resentimientos y déjate ir a ver qué pasa. Siente qué ocurre y cómo te sientes. Déjate ir hasta que te duermas.

¡Por la mañana aprovecha que estás vivo!

Epílogo

Estimado lector/a:

Gracias por haberte interesado por *El paradigma del corazón* y permitirnos acompañarte en tu elección personal. La vida es un viaje de ida sin vuelta que te regala un único tique para que lo disfrutes con pasión y entusiasmo. Esperamos de todo corazón que tomes las riendas, te conviertas en la persona que te gustaría ser y vivas la vida que quieras vivir.

Estamos convencidos de que este libro te ofrecerá un sinfín de posibilidades para que lo consigas. Utilízalo de forma completa; lee y relee aquellos capítulos con los que te sientas más identificado y subraya lo que consideres oportuno, destacando los temas en los que te estanques una y otra vez o los retos que prefieras abordar en primer lugar.

Juega tu vida para que otros no lo hagan por ti, toma el control y no te dejes llevar por las circunstancias. Y, sobre todo, persiste, no desistas, persevera, no dudes y elígete cada mañana para estar bien contigo mismo, hacer lo que te apasiona y rodearte de las personas que te hacen sentir bien. Pero ante todo, aplica lo que has aprendido; ya sabes que la teoría y el conocimiento sin práctica no te servirán para lograr la vida que deseas.

Tenemos la certeza de que si escuchamos la voz de nuestro corazón y el susurro de nuestra alma y ponemos la mente y el ego a su servicio, recuperaremos la magia y la confianza, y viviremos en un mundo más armonioso y con más amor.

Nuestro mayor deseo es acompañarte en este viaje sin retorno. Esperamos de todo corazón haber contribuido a ser un trampolín para tu realización personal donde te acompañe la ternura, la alegría, la creatividad y el sentido del humor.

Gracias por elegirte y poner énfasis en aquello que nos une. Gracias de nuevo porque alguien que vive en la salud, la plenitud y la abundancia las desea para los demás y contribuye, desde el amor, a crear un mundo mejor.

Índice

Estas cartas se han creado con el fin de seguir el método de Ho'oponopono de una manera tan fácil y sencilla que parezca un juego de niños. Hacer Ho'oponopono significa corregir nuestros pensamientos erróneos, es decir, limpiar la memoria que nos controla e impide ser nosotros mismos.

Es importante impregnarse de las verdades universales que trasmite este arte ancestral hawaiano.

Este juego te servirá de gran ayuda, ya que cada carta representa una frase o una idea clave dentro de la práctica de Ho'oponopono, el cual las engloba todas.

En la vida cotidiana, frente a una situación determinada, una persona, o cualquier cosa que repercuta en tu vida o represente un problema…

Que comience el juego: «¡Saca una carta
y deja que la magia entre en acción!».